동영상 베스트 도서

베스트 도서

700만 독자의 선택!

KB175919

새로운 도서,
다양한 자료
동양북스
홈페이지에서
만나보세요!

www.dongyangbooks.com
m.dongyangbooks.com

※ 학습자료 및 MP3 제공 여부는 도서마다 상이하므로 확인 후 이용 바랍니다.

홈페이지 도서 자료실에서 학습자료 및 MP3 무료 다운로드

PC

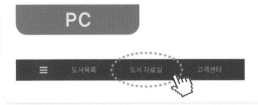

❶ 홈페이지 접속 후 도서 자료실 클릭
❷ 하단 검색 창에 검색어 입력
❸ MP3, 정답과 해설, 부가자료 등 첨부파일 다운로드
   * 원하는 자료가 없는 경우 '요청하기' 클릭!

MOBILE

* 반드시 '인터넷, Safari, Chrome' App을 이용하여 홈페이지에 접속해주세요. (네이버, 다음 App 이용 시 첨부파일의 확장자명이 변경되어 저장되는 오류가 발생할 수 있습니다.)

❶ 홈페이지 접속 후 ☰ 터치

❷ 도서 자료실 터치

❸ 하단 검색창에 검색어 입력
❹ MP3, 정답과 해설, 부가자료 등 첨부파일 다운로드
   * 압축 해제 방법은 '다운로드 Tip' 참고

たしたちは日本語が
ダイスキです

단계별 맞춤 강의용 교재

일본어뱅크
다이스키

기타지마 치즈코, 황규대, 김현정 공저

STEP 7

일본어뱅크
다이스키 STEP 7

초판 4쇄 | 2023년 9월 25일

지은이 | 기타지마 치즈코, 황규대, 김현정
발행인 | 김태웅
책임 편집 | 길혜진, 이선민
원어민 교정 | 이케베 가즈히코
일러스트 | 우나연
디자인 | 남은혜, 김지혜
마케팅 | 나재승
제　작 | 현대순

발행처 | (주)동양북스
등　록 | 제 2014-000055호(2014년 2월 7일)
주　소 | 서울시 마포구 동교로22길 14 (04030)
구입문의 | 전화 (02)337-1737　팩스 (02)334-6624
내용문의 | 전화 (02)337-1762　dybooks2@gmail.com

ISBN 978-89-7665-324-6 04730
ISBN 978-89-7665-299-7 (전 8권)

http://www.dongyangbooks.com
이 도서의 국립중앙도서관 출판예정도서목록(CIP)은 서지정보유통지원시스템 홈페이지(http://seoji.nl.go.kr)와
국가자료공동목록시스템(http://www.nl.go.kr/kolisnet)에서 이용하실 수 있습니다.

머리말

이 책은 일본어 입문 단계에서 배운 문법을 복습하면서 새로운 어휘를 배우고, 일본 현지에서 자주 쓰이는 유용한 표현들을 익힐 수 있는 초·중급 단계의 회화 교재입니다.

이 책에서는 일본 회사에 입사한 한국인 주인공과 일본인 상사, 동료들의 회화를 중심으로 이야기가 전개됩니다. 독자 여러분은 주인공의 시선에서 일본의 회사 문화를 간접적으로 보고 느끼며, 일본과 일본어에 대한 흥미를 가지게 될 것입니다.

각 과는 '실전 회화', '문형과 문법', '말하기 연습', '두 사람의 대화', '듣기 연습', '한자 익히기'로 구성되어 있습니다. 또 5과와 10과 뒤에 '독해'와 '확인 학습'을 준비하여, 앞에서 배운 내용을 다시 한 번 점검할 수 있도록 하였습니다.

'실전 회화'는 회화로 실제 상황에서 바로 쓸 수 있는 회화로 구성되어 있습니다. 자주 사용하는 표현을 사용하여, 생동감 있고 자연스러운 대화에 중점을 둔 것이 이 책의 특징입니다. '문형과 문법'에서 설명하는 접속법은 기본적으로 사용되는 것 위주로 다루었습니다.

'두 사람의 대화'에는 그 과에서 배운 표현을 이용한 회화의 보기가 실려 있고, 제시된 표현으로 회화를 완성하면서 말하기 능력을 키울 수 있게 되어 있습니다.

'듣기 연습'은 회화의 내용을 듣고 얼마나 이해했는지 확인하는 문제를 수록하였습니다. '한자 익히기'는 그림과 퍼즐이 들어 있어 즐겁게 공부할 수 있습니다.

'독해'는 5과마다 내용을 정리해서 앞에서 학습한 내용을 어느 정도 이해했는지 측정하고, 마지막으로 '확인 학습'에서 종합적인 이해도를 확인할 수 있습니다.

이 책이 독자 여러분들의 일본어 실력을 한 단계 더 키우는 데 도움이 되기를 바랍니다.

저자 일동

차례

CONTENTS

일러두기

실전 회화

山 　ソさん、今日はプロジェクトチームに紹介しま
ソ 　はい、よろしくお願いします。
山 　挨拶だけでいいと思いますが、何か聞かれるかもし
　　 準備だけはしておいたほうがいいですよ。
ソ 　はい。もう一度レポートを読んでおきます。
山 　他に何か聞いておきたいことがありますか。
ソ 　あのう、厳しい人ばかりだと聞いたんですが。
山 　そうかもしれません、でもそこで頑張れなけれ
　　 る意味がありませんよ。
　　 そうですね。
　　 厳しければ厳しいほど一所

각 과의 제목 아래에 있는 문법 사항을 확인한 후, 실전 회화
를 통해 일상 회화의 실제 예를 살펴볼 수 있습니다.

문형과 문법

문형과 문법에서는 앞서 나온 문법 사항을 예문을 통해 더
구체적으로 공부하고, 활용하는 방법을 알아봅니다.

GRAMMAR 문형과 문법

01 動詞 て形+おく　~해 두다

① 非常口がどこにあるか確かめておかなき
② 毎日復習しておかなければなりません。
③ 寝る前に目覚まし時計を合わせておき

02 ~ば~ほど　~하면 ~할수록

名詞+なら(ば)+名詞+ほ

말하기 연습

EXERCISE 말하기 연습

1 「~ておく」를 이용하여 보기와 같은 문장을 만들어 말하

보기　会議室を予約します。
　→ 会議がありますから会議室を予約して

1 みんなに連絡します。

2 書類を作ります

말하기 연습을 통해 앞에서 배운 문법 사항을 다시 한 번 확
인하고, 직접 문장을 만들어 말해봄으로써, 응용력을 기를
수 있도록 구성되어 있습니다.

두 사람의 대화

★ 아래의 **1**~**4**를 넣어서 보기와 같이 대화를 나누어 보세

보기
A：会議の書類を作っておいてください。
B：はい、わかりました。
A：明日までにお願いします。

1 報告書をコピーして
　1時までに

두 사람의 대화에서는 보기와 같은 문장을 만들어 더욱 자
연스러운 회화 연습을 하면서 문형과 문법에서 배운 내용을
복습할 수 있습니다.

듣기 연습

듣기 연습에서는 들려주는 대화의 내용을 듣고 질문에 답함으로써 청해 능력을 높일 수 있습니다.

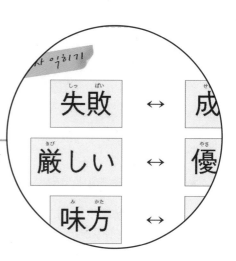

한자 익히기

한자 익히기에서는 그림과 퍼즐을 통해 한자에 대한 거부감을 없애고 쉽게 한자를 익힐 수 있습니다.

독해

독해는 5과와 10과가 끝난 다음에 나오는 것으로 앞의 과에서 배운 실전 회화 내용을 확인하는 부분입니다. 독해 문장을 읽고 아래의 질문에 답하는 것으로 독해 능력을 키울 수 있습니다.

확인 학습

확인 학습도 독해와 마찬가지로 5과와 10과가 끝난 후에 나오는 것으로 어휘, 문법, 작문 문제를 통해 앞서 배운 내용을 확인하는 효과가 있습니다.

이 교재에 쓰인 문법용어에 관해서

일본어 문법용어에는 여러 가지 주장이 있지만, 이 교재에서는 다음과 같이 표기하고 있습니다.

動詞(동사)의 丁寧形(정중형)과 普通形(보통형)

★ 丁寧形　ます로 끝나는 말. 동사에서는 'ます형' 이라고도 합니다.

현재형	부정형	과거형	과거 부정형
会います	会いません	会いました	会いませんでした
会えます	会えません	会えました	会えませんでした

★ 普通形　ます형, て형, ば형 이외의 말.

현재형	부정형	과거형	과거 부정형
会う	会わない	会った	会わなかった
会える	会えない	会えた	会えなかった

★ 동사의 활용에 관한 문법용어

	辞書形 사전형	ます形 ます형	て形 て형	た形 た형	ない形 ない형	ば形 ば형(가정형)	意向形 의지형
1그룹 동사	会う	会います	会って	会った	会わない	会えば	会おう
2그룹 동사	寝る	寝ます	寝て	寝た	寝ない	寝れば	寝よう
3그룹 동사	する	します	して	した	しない	すれば	しよう
	来る	来ます	来て	来た	来ない	来れば	来よう

い形容詞(い형용사)의 丁寧形과 普通形

★ 丁寧形　い형용사에서는 〜です과 〜くありません(でした)로 끝나는 말을 가리킵니다.

현재형	부정형	과거형	과거 부정형
寒いです	寒くないです(寒くありません)	寒かったです	寒くなかったです (寒くありませんでした)

★ 普通形

현재형	부정형	과거형	과거 부정형
寒い	寒くない	寒かった	寒くなかった

★ い形容詞の語幹(い형용사 어간) – 활용되지 않는 부분.

　　例 ‘寒い’에서 ‘寒’ 부분.

な形容詞(な형용사＝形容動詞)의 丁寧形과 普通形

★ 丁寧形　な형용사에서는 ～です와 ～ではありません(でした)로 끝나는 말을 가리킵니다.

현재형	부정형	과거형	과거 부정형
元気です	元気ではないです (元気ではありません)	元気だったです (元気でした)	元気ではなかったです (元気ではありませんでした)

★ 普通形

현재형	부정형	과거형	과거 부정형
元気だ	元気じゃない	元気だった	元気じゃなかった

★ な形容詞の語幹(な형용사 어간) – 활용되지 않는 부분.

　　例 ‘元気だ’에서 ‘元気’ 부분.

名詞(명사)

본디 명사 자체는 활용되지 않지만, 접속을 쉽게 이해할 수 있도록 굳이 항목으로 예를 들었습니다.

정중형				보통형			
현재형	부정형	과거형	과거 부정형	현재형	부정형	과거형	과거 부정형
雨です	雨では ないです (雨では ありません)	雨でした	雨では なかったです (雨では ありません でした)	雨だ	雨じゃない	雨だった	雨じゃなかった

〈문형과 문법〉에서 표기

단독으로 ‘普通形’이라고만 표기한 것은 명사·な형용사·い형용사·동사 전부를 포함합니다
접속법은 기본적인 것을 중심으로 예를 들었으며, 거의 사용되지 않는 접속 예는 생략했습니다.

01

日本が長いだけあって上手です。

일본이 오래된 만큼 잘합니다.

- 意向形＋と思う ～하려고 생각하다
- ～つもり ～할 예정
- お・ご～する／いたす 겸양어
- ～だけあって ～인 만큼

山下　ソさん、日本が長いだけあって日本語上手ですね。

ソ　　いいえ、まだビジネスの言葉はわからないです。

　　　いろいろ教えてください。よろしくお願いします。

山下　こちらこそ、よろしくお願いします。何でも聞いてください。

　　　でも私もまだ去年入ったばかりなんですよ。

ソ　　そうですか。もうベテランだと思いました。

山下　ところでどうして日本で働こうと思ったんですか。

ソ　　初めは卒業したら韓国へ帰るつもりでしたが、日本でもっと

　　　経験したほうがいいと言われたんです。

山下　そうですか。この会社は外国の人も大勢働いているので働き

　　　やすいですよ。

ソ　　よかったです。女の人も多いですね。

山下　ええ、女性も男性と同じように働いています。

ソ　　だから廊下にお茶を入れる機械が置いてあるんで

　　　すね。

山下　ええ、ソさんも飲みたくなったら、自分で入れてくださいね。

　　　じゃ、これから会社をご案内いたします。

낱말과 표현

長い 오래다, 길다　上手だ 잘하다, 능숙하다　まだ 아직　ビジネス 비즈니스(business)　言葉 말, 언어　わかる 알다　いろいろ 여러 가지　教える 가르치다　聞く 묻다, 듣다　去年 작년　入る 들어오다[가다]　ベテラン 베테랑(veteran)　思う 생각하다　ところで 그런데　働く 일하다　初め 처음　卒業する 졸업하다　帰る 돌아가다[오다]　もっと 더, 더욱　経験する 경험하다　言う 말하다　会社 회사　外国 외국　大勢 (사람이) 많이　多い 많다　女性 여성　男性 남성　同じ 같은, 같음　差別する 차별하다　廊下 복도　お茶を入れる機械 차를 끓이는 기계　置く 놓다　飲む 마시다　自分で 스스로　入れる 넣다

01 意向形＋と思う ～하려고 생각하다

意向形(의지형)

1그룹 동사	お단＋う	会う → 会おう あ　　　　あ 行く → 行こう い　　　　い
2그룹 동사 (상1단동사 하1단동사)	る＋よう	見る → 見よう み　　　　み 食べる → 食べよう た　　　　　た
3그룹 동사 (カ행변격동사 サ행변격동사)	来る → こよう く する → しよう	結婚する → 結婚しよう けっこん　　　　けっこん

① 明日から朝早く起きようと思います。
　あした　　あさはや　お　　　　　　おも

② 毎日運動をしようと思います。
　まいにち うんどう　　　　　　おも

③ もう酒を飲もうとは思いません。
　　　さけ　の　　　　　　おも

02 動詞の辞書形／ない形＋つもり ～할/하지 않을 예정

① 大学院で経済の勉強をするつもりです。
　だいがくいん けいざい　べんきょう

② 子供のために犬を飼うつもりです。
　こども　　　　　いぬ か

③ 私はたばこを止めるつもりです。
　わたし　　　　　　や

④ 庭には芝を植えないつもりです。
　にわ　　しば う

PART 01

03 お・ご＋動詞ます形＋する／いたす 겸양어

① 先生、お荷物をお持ちいたします。
　　せんせい　　にもつ　　　　も

② 商品はすぐにお届けいたします。
　　しょうひん　　　　　とど

③ 暖房をおつけしましょうか。
　　だんぼう

④ では山田先生をご紹介いたします。
　　　やまだせんせい　　しょうかい

⑤ これから日本の経済についてお話します。
　　　　　　にほん　けいざい　　　　　はな

04 〜だけあって 〜인 만큼

- 名詞＋だけあって
- な形容詞の語幹＋な＋だけあって
- 普通形＋だけあって

① チェさんは金持ちだけあって大きな家に住んでいます。
　　　　　かねも　　　　　　おお　いえ　す

② アンさんはきれいなだけあって人気があります。
　　　　　　　　　　　　　　　にんき

③ この土地は安いだけあって全部売れました。
　　　とち　やす　　　　　　ぜんぶう

④ よく勉強しただけあって成績が上がりました。
　　　べんきょう　　　　　せいせき　あ

낱말과 표현

あ　　　い　　　み　　　た　　　く　　　けっこん　　　　　あした　　あさ　　　はや
会う 만나다　行く 가다　見る 보다　食べる 먹다　来る 오다　結婚する 결혼하다　明日 내일　朝 아침　早く 빨
　お　　　　　まいにち　　うんどう　　さけ　　だいがくいん　　けいざい　　べんきょう　こども　　いぬ
리　起きる 일어나다　毎日 매일　運動 운동　酒 술　大学院 대학원　経済 경제　勉強 공부　子供 아이　犬 개
か　　　　　　　　　　　　　　　　　　にわ　　しば　　　う　　　　せんせい　　にもつ　　も
飼う 기르다　たばこを止める 담배를 끊다　庭 정원　芝 잔디　植える 심다　先生 선생님　荷物 짐　持つ 들다, 잡
　しょうひん　　　　とど　　　　だんぼう　　　　　　しょうかい　　　　　
다　商品 상품　すぐ 곧, 금방　届ける 보내다, 전하다　暖房 난방　つける 켜다　紹介する 소개하다　〜について
　　　　　　はな　　　かねも　　おお　　　いえ　　す　　　　　　　　にんき　　とち
〜에 관하여　話す 말하다　金持ち 부자　大きい 크다　家 집　住む 살다　きれいだ 예쁘다　人気 인기　土地 토지,
　やす　　ぜんぶ　　う　　　せいせき　　あ
땅　安い 싸다　全部 전부　売れる 팔리다　成績 성적　上がる 오르다

1 「～と思う」를 이용하여 보기와 같은 문장을 만들어 말해 보세요.

보기 友達をたくさん作ります。
→ 友達をたくさん作ろうと思います。

1 本当のことを言います。　　2 いい映画を見ます。
3 お金を借ります。　　　　　4 毎日運動します。

2 「～つもり」를 이용하여 보기와 같은 문장을 만들어 말해 보세요.

보기 ダンスを習います。
→ ダンスを習うつもりです。

1 山に登ります。

2 パンを焼きます。

3 ホテルに泊まります。

4 医者になります。

3 「〜だけあって」를 이용하여 보기와 같은 문장을 만들어 말해 보세요.

> 보기　高_{たか}いです。
> → 高_{たか}いだけあっておいしいです。

 ❶ 高級料理店_{こうきゅうりょうりてん}です。

 ❷ いい材料_{ざいりょう}を使_{つか}いました。

 ❸ デパートで売_うっています。

 ❹ 有名_{ゆうめい}な料理人_{りょうりにん}が作_{つく}りました。

낱말과 표현

友達_{ともだち} 친구　たくさん 많은, 많음　作_{つく}る 만들다　本当_{ほんとう} 진실, 정말　いい 좋다　映画_{えいが} 영화　お金_{かね} 돈　借_かりる 빌리다　ダンス 댄스(dance)　習_{なら}う 배우다　山_{やま} 산　登_{のぼ}る 오르다　パン 빵　焼_やく 굽다　ホテル 호텔(hotel)　泊_とまる 숙박하다, 묵다　医者_{いしゃ} 의사　なる 되다　高_{たか}い 비싸다, 높다　おいしい 맛있다　高級料理店_{こうきゅうりょうりてん} 고급요리점　材料_{ざいりょう} 재료　使_{つか}う 사용하다　デパート 백화점(department store)　売_うる 팔다　有名_{ゆうめい}だ 유명하다　料理人_{りょうりにん} 요리사

두 사람의 대화

★ 아래의 **1**~**4**를 넣어서 보기와 같이 대화를 나누어 보세요.

보기

A: 夏休みになったら何をするつもりですか。
B: 国に帰ろうと思っています。

A: いいですね。

1 入学したら
　医学を勉強しよう
※ 医学 의학

2 卒業したら
　国で働こう

3 海に行ったら
　貝を拾おう
※ 貝 조개

4 子供が生まれたら
　広い家に引っ越そう
※ 引っ越す 이사하다

★ 다음 내용을 듣고 연못과 강은 공원의 어느 부분에 만들어질 예정인지 번호를 고르세요.

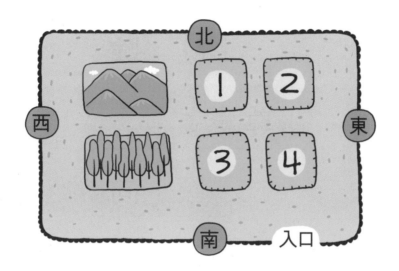

				けい 景	き 気
ごう 合	けい 計				
		けい 経	けん 験		
そん 尊	けい 敬				
		けい 傾	こう 向		

けい き **景気** 경기	景気			

ごう けい **合計** 합계	合計			

けい けん **経験** 경험	経験			

そん けい **尊敬** 존경	尊敬			

けい こう **傾向** 경향	傾向			

회사에서 많이 쓰는 단어

出勤 (しゅっきん)	출근	契約 (けいやく)	계약
退社 (たいしゃ)	퇴근, 퇴사	取引先 (とりひきさき)	거래처
会議 (かいぎ)	회의	担当者 (たんとうしゃ)	담당자
会食 (かいしょく)	회식	受付 (うけつけ)	접수, 안내 창구
書類 (しょるい)	서류	採用 (さいよう)	채용
出張 (しゅっちょう)	출장	退職 (たいしょく)	퇴직
残業 (ざんぎょう)	잔업	貿易 (ぼうえき)	무역
打ち合わせ (うちあわせ)	(미리) 상의, 협의	給料 (きゅうりょう)	급료

02

よく売れるはずです。

잘 팔릴 것입니다.

- **〜すぎる** 너무 ~하다
- **〜はず** ~일 것
- **〜まで／までに** ~까지 (계속/완료)
- **〜しかない** ~할 수 밖에 없다

DIALOGUE
실전 회화

ソ　あのう、これでよろしいでしょうか。

青山　文が長すぎるわね。もっと簡単にしてください。

ソ　わかりました。

青山　終わったらお客様の苦情を分析してください。

ソ　はい。

青山　ソさん、つまらなそうな顔をしていますね。したくないけど するしかないって顔をしていますよ。

ソ　いいえ、そんなことはありません。

青山　それならいいですが、苦情の分析は一番大事ですよ。製品改 良のヒントがたくさんありますから。

ソ　そうなんですか。

青山　お客様が不満に思った点を直した製品はよく売れるはずです よ。文句を言われたらありがたいと思わなければ…。

ソ　わかりました。それで分析はいつまでにすればよろしいでしょ うか。

青山　そうですね。今週中にお願いします。

낱말과 표현

文 글, 문장　簡単だ 간단하다　終わる 끝나다　お客様 손님　苦情 불평, 불만　分析する 분석하다　つまらない 재미없다, 시시하다　顔 얼굴　一番 제일, 가장　大事だ 중요하다　製品改良 제품개량　ヒント 힌트(hint)　不満 불만　点 점, 부분　直す 고치다　売れる 팔리다　文句 불만　ありがたい 고맙다　今週中 이번 주중

01 ～すぎる　너무 ～하다

- 名詞・な形容詞・い形容詞の語幹＋すぎる
- 動詞ます形＋すぎる

① 自然がいっぱいなのはいいんですがここは田舎すぎます。

② ここは電車もバスもないので不便すぎます。

③ 一人で暮らすのでこの部屋は広すぎます。

④ 食べすぎてお腹が痛くなりました。

02 ～はず　～일 것

- 名詞＋の＋はず
- な形容詞の語幹＋な＋はず
- 普通形＋はず

① これはアリさんの教科書のはずです。

② 今朝掃除をしたばかりですから部屋はきれいなはずです。

③ アンさんは成績がいいはずです。

④ 飛行機は6時には着くはずです。

PART 02

03 　～まで／までに　　～까지(계속/완료)

- 名詞＋まで／までに
- 動詞の辞書形＋まで／までに

* 　～まで 　정해진 시점까지 동작이 계속 되는 것

　　～までに 　정해진 시점까지 그 행위를 끝내야 하는 것

① 　6時まで野球を練習します。
ろくじ　　　やきゅう　れんしゅう

② 　部屋を片づけるまで外で待っていてください。
へや　かた　　　　　そと　ま

③ 　レポートは金曜日までに出してください。
きんようび　　　だ

④ 　母が帰るまでに夕ご飯を作らなければなりません。
はは　かえ　　　　　ゆう　はん　つく

04 　～しかない　　～할 수 밖에 없다

- 名詞＋しかない
- 辞書形＋しかない

① 　けんかばかりしているのでもう離婚しかない。
りこん

② 　忙しいので休日出勤するしかありません。
いそが　　　　　きゅうじつしゅっきん

③ 　傘を持って来なかったのでぬれて行くしかありません。
かさ　も　こ　　　　　　　　い

④ 　いい大学に入りたいので勉強するしかありません。
だいがく　はい　　　　　　べんきょう

낱말과 표현

自然 자연　いっぱい 가득　田舎 시골　電車 전철　バス 버스(bus)　不便だ 불편하다　一人 혼자, 한 사람　暮らす
しぜん　　　　　　　　　　いなか　　　でんしゃ　　　　　　　　　　ふべん　　　　　　ひとり　　　　　　　　く

살다　部屋 방　広い 넓다　お腹 배　痛い 아프다　教科書 교과서　今朝 오늘 아침　掃除 청소　成績 성적　飛行機
　　　へや　　ひろ　　　なか　　いた　　　　きょうかしょ　　　けさ　　　　そうじ　　　せいせき　　ひこうき

비행기　着く 도착하다　野球 야구　練習する 연습하다　片づける 정리하다, 치우다　外 밖　待つ 기다리다
　　　つ　　　　やきゅう　　れんしゅう　　　　　かた　　　　　　　　　そと　　ま

レポート 리포트(report)　出す 내다　母 어머니　夕ご飯 저녁밥　けんか 싸움　離婚 이혼　忙しい 바쁘다　休日
　　　　　　　　　だ　　　はは　　　ゆうはん　　　　　　　　りこん　　　いそが　　　　きゅうじつ

휴일　出勤する 출근하다　傘 우산　ぬれる 젖다　大学 대학　入る 입학하다, 들어가다
　　しゅっきん　　　　かさ　　　　　　　だいがく　　　はい

1 「〜すぎる」를 이용하여 보기와 같은 문장을 만들어 말해 보세요.

보기 飲みます。
→ パーティーで飲みすぎました。

 ① 食べます。

 ② 踊ります。

 ③ 歌います。

 ④ たばこを吸います。

2 「〜はず」를 이용하여 보기와 같은 문장을 만들어 말해 보세요.

보기 日本語ができます。
→ ヤンさんは日本語ができるはずです。

① スーパーにいます。

② パソコンができません。

③ 結婚していません。

④ 会社員です。

3 「～しかない」를 이용하여 보기와 같은 문장을 만들어 말해 보세요.

보기 会社を休みます。
→ ひどい病気なので会社を休むしかありません。

1 寝ています。

2 旅行を止めます。

3 病院へ行きます。

4 手術します。

낱말과 표현

パーティー 파티(party)　踊る 춤추다　歌う 노래하다　たばこを吸う 담배를 피우다　できる 할 수 있다

スーパー 슈퍼마켓(supermarket)　パソコン 개인용 컴퓨터(personal computer)　結婚する 결혼하다

会社員 회사원　休む 쉬다　ひどい 심하다　病気 병　寝る 자다　止める 그만두다　病院 병원　手術する 수술하다

★ 아래의 **1**~**4**를 넣어서 보기와 같이 대화를 나누어 보세요.

보기

A: あのう、報告書は今日中にできるはずでしたが、

まだできていないんですが…。

B: スミスさんに手伝ってもらったらどうですか。

A: はい、そうします。

1 キムさんが来る

まだ来ない

電話した

2 荷物が届く

まだ届かない

連絡した

3 ここに書類がある

ない

もっと探した

4 この仕事は終わる

まだ終わらない

誰かに頼んだ

★ 다음 대화를 듣고 예정대로인 것에는 ○을 그렇지 않은 것에는 ×를 넣으세요.

1 男の人は早く来るはずだった。　　　　　(　)

2 昨日飲み物を冷蔵庫に入れておくはずだった。(　)

3 椅子を５０個用意するはずだった。　　　(　)

4 案内する人は１人のはずだった。　　　　(　)

苦<ruby>く</ruby> 情<ruby>じょう</ruby>

熱<ruby>ねつ(ねっ)</ruby> 心<ruby>しん</ruby>

配<ruby>はい(ぱい)</ruby> 送<ruby>そう</ruby>

苦情 く じょう 불평, 불만	苦情			
情熱 じょう ねつ 정열	情熱			
熱心 ねっ しん 열심	熱心			
心配 しん ぱい 걱정	心配			
配送 はい そう 배송	配送			

인사

- 아침에는 「おはようございます」 퇴근 할 때는 「お先に失礼します」 퇴근하는 선배, 동료에게는 「お疲れさまでした」라고 합니다.

- 외근 나가는 동료에게는 「いってらっしゃい」 동료가 회사로 돌아왔을 때는 「お帰りなさい」 「お疲れさまでした」라고 합니다.

- 외근 나갈 때는 「いってまいります」 회사로 돌아와서는 「ただいまもどりました」라고 합니다.

- お辞儀 : 머리 숙여 하는 인사.
  - 会釈(15도) : 회사에서 스쳐 지나가는 상사와 동료, 고객에게 하는 가벼운 인사로 몸을 기울여 시선은 발 밑을 향하게 합니다. 이때 고개만 '끄덕'하는 것은 예의에 어긋납니다.
  - 礼(30도) : 처음 만나는 사람이나 거래처에서 하는 일반적인 인사입니다.
  - 最敬礼(45도) : 제일 정중한 인사. 특히 경의를 표하는 상대방에게 혹은 장례식과 같은 의식에서 사용합니다.

03

報告書を見せてくださいませんか。

보고서를 보여 주시지 않겠습니까?

- **使役** 사역
- **〜ように** ~하도록
- **命令形** 명령형
- **〜をはじめ** ~을 비롯해

ソ　小川さん、先月の報告書を見せてくださいませんか。

小川　ソさん、コンピューターの中に入っているよ。

ソ　コンピューターですか。

小川　紙の書類は作らせないようにしているんだ。

ソ　じゃ、社員なら誰でも見られますね。

小川　うん、書類によっては見られない物もあるけど。

　　　ところでソさん、もう会社に慣れた？

ソ　社長や部長を名前で呼ぶのにまだ慣れませんね。

小川　僕も社長を「森田さん」ってなかなか呼べなかったよ。

ソ　それに社長をはじめ役員が同じ部屋にいるのもちょっと。

小川　それはすぐに慣れるから。

ソ　日本の会社はみんなこうですか。

小川　こんな会社はあまりないと思うよ。

ソ　誰でもいつでも自由に考え、意見を言えっていうことですか。

小川　うん、だから自分の考えがない人にはとても

　　　厳しい会社だよ。

낱말과 표현

先月 지난 달　報告書 보고서　見せる 보여 주다　コンピューター 컴퓨터(computer)　紙 종이　書類 서류
社員 사원　物 것, 물건　慣れる 익숙해지다　社長 사장　部長 부장　名前 이름　僕 나 (남자)　呼ぶ 부르다
なかなか～ない 좀처럼 ~않다　役員 간부, 임원　同じ 같은, 같음　すぐ 곧, 금방　みんな 모두, 전부
あまり 그다지　自由 자유　考える 생각하다　意見 의견　自分 자기 자신　とても 매우, 대단히　厳しい 엄하다

01 使役 사역

1그룹 동사 (5단 동사)	あ단＋せる	待つ→待たせる _ま　　_ま 歌う→歌わせる _{うた}　　_{うた}
2그룹 동사 (상1단동사 하1단동사)	る＋させる	見る→見させる _み　　_み 覚える→覚えさせる _{おぼ}　　　_{おぼ}
3그룹 동사 (カ행변격동사 サ행변격동사)	来る→こさせる _く する→させる	掃除する→掃除させる _{そうじ}　　　_{そうじ}

① 先生は生徒に机や椅子を運ばせました。
　_{せんせい}　_{せいと}　_{つくえ}　_{いす}　_{はこ}

② お母さんは子供に嫌いな野菜を食べさせました。
　_{かあ}　　　_{こども}　_{きら}　_{やさい}　_た

③ このことについて私に説明させてください。
　　　　　　　　_{わたし}　_{せつめい}

02 普通体＋ように　～하도록/하지 않도록

① 人の話はしっかり聞くようにしています。
　_{ひと}　_{はなし}　　　　_き

② 入学試験に受かるように一生懸命勉強しています。
　_{にゅうがく}　_し_{けん}　_う　　　　　_{いっしょうけんめい}_{べんきょう}

③ 新しい駅ができて学校へ３０分で行けるようになりました。
　_{あたら}　_{えき}　　　　_{がっこう}　_{さんじゅっぷん}　_い

④ 寒くないようにコートも着て行きましょう。
　_{さむ}　　　　　　　　　　_き　_い

03 命令形 명령형

1그룹 동사 (5단 동사)	え단	飲む→飲め <small>の</small> <small>の</small> 書く→書け <small>か</small> <small>か</small>
2그룹 동사 (상1단동사 하1단동사)	る+ろ	見る→見ろ <small>み</small> <small>み</small> 食べる→食べろ <small>た</small> <small>た</small>
3그룹 동사 (カ행변격동사 サ행변격동사)	来る→こい <small>く</small> する→しろ・せよ	勉強する→勉強しろ <small>べんきょう</small> <small>べんきょう</small>

① 先生は早く集まれと言いました。
<small>せんせい　　はや　あつ　　　　　い</small>

② 先生に宿題を出せと言われました。
<small>せんせい　しゅくだい　だ　　　い</small>

③ 兄に早く結婚しろと言われました。
<small>あに　はや　けっこん　　　　い</small>

04 名詞＋をはじめ　～을 비롯해

① 父をはじめ母や兄も日本語ができます。
<small>ちち　　　　　はは　あに　にほんご</small>

② ドイツ人をはじめフランス人やイギリス人もここに住んでいます。
<small>じん　　　　　　　　じん　　　　　じん　　　　　す</small>

③ 公園にバラをはじめいろいろな花が咲いています。
<small>こうえん　　　　　　　　　　　　　　　　　　はな　さ</small>

낱말과 표현

覚える <small>おぼ</small> 기억하다, 외우다 　生徒 <small>せいと</small> (중·고교) 학생 　机 <small>つくえ</small> 책상 　運ぶ <small>はこ</small> 옮기다, 운반하다 　お母さん <small>かあ</small> 어머니 　嫌いだ <small>きら</small> 싫어
하다 　野菜 <small>やさい</small> 채소, 야채 　説明する <small>せつめい</small> 설명하다 　話 <small>はなし</small> 이야기 　しっかり 확실히 　入学 <small>にゅうがく</small> 입학 　試験に受かる <small>しけん　う</small> 시험에 합
격하다 　一生懸命 <small>いっしょうけんめい</small> 열심히 　新しい <small>あたら</small> 새것이다, 새롭다 　駅 <small>えき</small> 역 　できる 생기다 　学校 <small>がっこう</small> 학교 　寒い <small>さむ</small> 춥다 　コート 코트
(coat) 　着る <small>き</small> 입다 　書く <small>か</small> 쓰다 　集まる <small>あつ</small> 모이다 　宿題 <small>しゅくだい</small> 숙제 　出す <small>だ</small> 내다, 제출하다 　兄 <small>あに</small> 형, 오빠 　父 <small>ちち</small> 아버지 　ドイツ人 <small>じん</small>
독일인 　フランス人 <small>じん</small> 프랑스인 　イギリス人 <small>じん</small> 영국인 　バラ 장미 　咲く <small>さ</small> 피다

말하기 연습

1 사역을 이용하여 보기와 같은 문장을 만들어 말해 보세요.

보기 テープを聞く。
→ 先生は学生にテープを聞かせました。

1 日記を書く。

2 ビデオを見る。

3 コンピューターを使う。

4 ゴミを拾う。

2 명령형을 이용하여 보기와 같은 문장을 만들어 말해 보세요.

보기 朝早く起きる。
→ 父に朝早く起きろと言われました。

1 家の手伝いをする。　　**2** 荷物を持つ。
3 机を運ぶ。　　**4** 部屋を片づける。

PART 03

3 「〜ように」를 이용하여 보기와 같은 문장을 만들어 말해 보세요.

보기　1<ruby>歳<rt>いっさい</rt></ruby>・<ruby>歩<rt>ある</rt></ruby>く

→　1<ruby>歳<rt>いっさい</rt></ruby>で<ruby>歩<rt>ある</rt></ruby>けるようになりました。

1 3<ruby>歳<rt>さんさい</rt></ruby>・<ruby>泳<rt>およ</rt></ruby>ぐ

2 5<ruby>歳<rt>ごさい</rt></ruby>・<ruby>自転車<rt>じてんしゃ</rt></ruby>に<ruby>乗<rt>の</rt></ruby>る

3 6<ruby>歳<rt>ろくさい</rt></ruby>・<ruby>本<rt>ほん</rt></ruby>を<ruby>読<rt>よ</rt></ruby>む

4 7<ruby>歳<rt>ななさい</rt></ruby>・<ruby>字<rt>じ</rt></ruby>を<ruby>書<rt>か</rt></ruby>く

낱말과 표현

テープ 테이프　<ruby>日記<rt>にっき</rt></ruby> 일기　ビデオ 비디오(video)　ゴミ 쓰레기　<ruby>拾<rt>ひろ</rt></ruby>う 줍다　<ruby>手伝<rt>てつだ</rt></ruby>い 거듦, 도와줌　<ruby>荷物<rt>にもつ</rt></ruby> 짐　<ruby>持<rt>も</rt></ruby>つ 들다, 잡다　<ruby>片<rt>かた</rt></ruby>づける 정리하다, 치우다　〜<ruby>歳<rt>さい</rt></ruby> ~세, 나이　<ruby>歩<rt>ある</rt></ruby>く 걷다　<ruby>泳<rt>およ</rt></ruby>ぐ 헤엄치다　<ruby>自転車<rt>じてんしゃ</rt></ruby> 자전거　<ruby>乗<rt>の</rt></ruby>る 타다　<ruby>本<rt>ほん</rt></ruby> 책　<ruby>読<rt>よ</rt></ruby>む 읽다　<ruby>字<rt>じ</rt></ruby> 글자

Track 17

★ 아래의 1 ~ 4를 넣어서 보기와 같이 대화를 나누어 보세요.

보기

A: 課長に荷物を持って来いと言われたんですが…。
B: この荷物です。
A: じゃ、持って行きます。

1 書類を作れ

すぐにしたほうがいいですよ

はい、わかりました

2 工場へ品物を持って行け

これです

じゃ、行って来ます

※ 工場 공장

3 会議室を掃除しろ

これが鍵です

ありがとうございます

4 コーヒーを入れろ

お客様は4人です

はい、わかりました

PART 03

★ 다음 내용을 듣고 학예회의 프로그램 순서대로 번호를 넣으세요.

❶

❷

❸

❹

❺

❻

(   ) → (   ) → (   ) → 休 → (   ) → (   ) → (   )

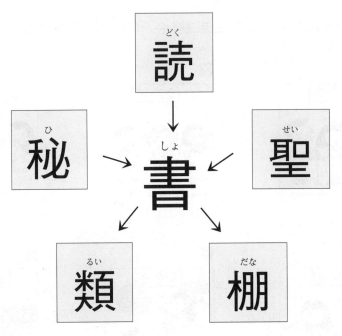

読書 독서	読書			

秘書 비서	秘書			

聖書 성서	聖書			

書類 서류	書類			

書棚 책장	書棚			

호칭

나를 말할 때는 '나'에 해당되는 일본어는 「僕」, 「俺」, 「あたし」 등도 있지만, 이 말들은 비즈니스에서는 통용되지 않는 말입니다. 거래처와 상담할 때는 私, 私를 쓰는 것이 좋습니다. 사내에서는 상사를 부를 때는 「○○(이름)課長」처럼 직함을 붙여서 부릅니다. 직함 자체가 경칭이므로 「○○課長様」나 「○○課長さん」이라고 하지는 않습니다. 그리고 거래처의 사람과 이야기 할 때는 자기 회사 사람에 대해서 존칭(様 또는 さん)을 붙이지 않습니다. 설령 사장이라 하더라도 존칭을 붙여서는 안됩니다. 손님의 경우, 상대방이 아직 자기 이름을 밝히지 않은 경우에는 「失礼ですが、どちら様でしょうか」「失礼ですが、お名前をうかがえますでしょうか」라고 공손히 이름을 물어봅니다.

	自分側	相手側
個人	私、私	～さん/様、おたく様、そ[こ]ちら様
複数	私ども、私ども	ご一同様、みな様、みな様方
会社	当社、弊社、小社、会社	貴社、御社、そ[こ]ちら様
上司	当社社長、弊社社長、上司	貴社長、御社社長、上司の方
部下	名前だけ、当社社員、弊社社員	～さん/様、貴社社員、御社社員
考え	私見、所見、意見	ご意見、ご高説

39

黒っぽい服を着れば大丈夫です。

검정 계열의 옷을 입으면 괜찮습니다.

- **~って(伝聞)** ~래요
- **~ために(原因・理由)** ~때문에
- **~とおりに** ~대로
- **~っぽい** ~의 경향이 강하다

실전 회화

山下　ソさん、山田さんの奥さんが亡くなったんですって。

ソ　　それで山田さんは月曜日から休んでいるんですね。

　　　ご病気ですか。

山下　ええ、ガンのために今朝亡くなったそうです。

　　　お葬式はあさってだそうです。

ソ　　何かお手伝いしなくてもいいでしょうか。

山下　ソさんは行くだけでいいと思うけど…。

ソ　　お葬式ではどうしたらいいですか。

　　　私は日本のお葬式にまだ行ったことがないんです。

山下　私も行くから私のするとおりにしたらいいですよ。

ソ　　ああ、よかったです。あのう、何を着て行くんですか。

　　　私は礼服を持っていませんが…。

山下　黒っぽい服を着れば大丈夫ですよ。

ソ　　あと何か用意する物はありませんか。

山下　お金を入れるのし袋というのが必要ですが、

　　　私も買うから一緒に買ってきてあげますよ。

ソ　　お願いします。

낱말과 표현

奥さん 부인　亡くなる 돌아가시다, 죽다　ガン 암　今朝 오늘 아침　葬式 장례식　あさって 모레　手伝い 거들, 도

와줌　着る 입다　礼服 예복　持つ 가지다, 잡다　黒い 검다　服 옷　大丈夫だ 괜찮다　用意する 준비하다　入れる

넣다　のし袋 축의금 등을 넣는 봉투　必要だ 필요하다　買う 사다　あげる 주다　一緒に 함께

01 ～って(伝聞) ～래요

① アリさんは弁護士ですって。
　　　　　べんごし

② 計画書は引き出しにしまったって。
　けいかくしょ　ひ　だ

③ ワンさんが店を始めるんだって。
　　　　　みせ　はじ

④ この参考書は役に立たないんだって。
　　さんこうしょ　やく　た

02 ～ために(原因・理由) ～때문에

- 名詞＋の＋ために
- な形容詞の語幹＋な＋ために
- 普通形＋ために

① 台風のために飛行機は飛べませんでした。
　たいふう　　ひこうき　と

② この洗濯機がよく売れるのは便利なためです。
　せんたくき　　う　　べんり

③ 旅行会社が休みだったために切符が受け取れなかった。
　りょこうがいしゃ　やす　　　　きっぷ　う　と

④ 池に落ちたためにぬれてしまいました。
　いけ　お

03   ～とおりに   ～대로

- 名詞＋の＋とおり
- 動詞の辞書形・た形＋とおり

① 矢印のとおりに行ってください。
　 やじるし　　　　　 い

② 先生が書くとおりに書きましょう。
　 せんせい　 か　　　　　　　 か

③ あなたが見たとおりに話してください。
　　　　　　　 み　　　　　　 はな

04   ～っぽい   ～의 경향이 강하다

- 名詞・い形容詞の語幹・動詞ます形＋っぽい

① この牛乳は水っぽくてまずいです。
　　 ぎゅうにゅう　 みず

② 大学生なのに子供っぽいことをしていては笑われますよ。
　 だいがくせい　 こ ども　　　　　　　　　　　　 わら

③ このネックレスは安っぽい。
　　　　　　　　　　 やす

④ 祖母は７０歳になって忘れっぽくなった。
　 そ ぼ　 ななじゅっさい　　　 わす

낱말과 표현

弁護士 변호사 計画書 계획서 引き出し 서랍 しまう 간수하다 店 가게 始める 개시하다, 시작하다 参考書
べんごし　　　　　けいかくしょ　　　　 ひ だ　　　　　　　　　　　　　　 みせ　　 はじ　　　　　　　　　　　　さんこうしょ
참고서 役に立つ 도움이 되다, 쓸모가 있다 台風 태풍 飛行機 비행기 飛ぶ 날다 洗濯機 세탁기 売れる 팔리
　　　　 やく た　　　　　　　　　　　　　　　 たいふう　　　 ひこうき　　　　 と　　　　 せんたくき　　　 う
다 便利だ 편리하다 旅行会社 여행회사 休み 휴일, 휴식 切符 표 受け取る 받다, 수취하다 池 연못 落ちる
　 べんり　　　　　　 りょこうがいしゃ　　　 やす　　　　　　 きっぷ　　 う と　　　　　　　　　　　　 いけ　　 お
떨어지다 ぬれる 젖다 矢印 화살표 牛乳 우유 水 물 まずい 맛없다 大学生 대학생 笑う 웃다 ネックレス
　　　　　　　　　　　 やじるし　　　 ぎゅうにゅう　 みず　　　　　　　　　　 だいがくせい　　　　 わら
목걸이(necklace) 祖母 할머니 忘れる 잊어버리다
　　　　　　　　　 そ ぼ　　　　 わす

말하기 연습

1 「〜って」를 이용하여 보기와 같은 문장을 만들어 말해 보세요.

> 보기 　明日は暖かい。
> → 　明日は暖かいって。

1 明日は雨だ。

2 あさって荷物が届く。

3 窓のガラスが割れた。

4 秘密を話してしまった。

2 「〜とおりに」를 이용하여 보기와 같은 문장을 만들어 말해 보세요.

> 보기 　聞きました。
> → 　聞いたとおりに書いてください。

1 見ました。　　　**2** 考えました。
3 説明しました。　　**4** 言いました。

PART 04

3 「〜ために」를 이용하여 보기와 같은 문장을 만들어 말해 보세요.

보기 　寝坊しました。
　　→ 寝坊したために遅刻しました。

 ❶ 電車が遅れました。

 ❷ 事故がありました。

 ❸ 病院に寄りました。

 ❹ お腹が痛くなりました。

낱말과 표현

暖かい 따뜻하다　雨 비　荷物 짐　届く 도착하다, 닿다　窓 창문　ガラス 유리(glass)　割れる 깨지다, 부서지다　秘密 비밀　考える 생각하다　説明する 설명하다　寝坊する 늦잠자다　遅刻する 지각하다　電車 전철　遅れる 늦다　事故 사고　病院 병원　寄る 들르다　お腹 배　痛い 아프다

★ 아래의 **1** ~ **4**를 넣어서 보기와 같이 대화를 나누어 보세요.

보기

A: では私が言うとおりにやってください。

B: はい、言うとおりにやるんですね。

A: はい、右手を上げてください。

1 この本のとおりに書いて

本のとおりに書く

「ありがとう」と書いて

2 折ったとおりに折って

折ったとおりに折る

三角に折って

※ 折る 접다 | 三角 삼각(형)

3 言ったとおりに言って

言ったとおりに言う

「あ」と言って

4 するとおりにして

するとおりにする

ジャンプして

※ ジャンプ 점프(jump)

★ 다음 내용을 듣고 문장을 완성하세요.

男　すみません。①＿＿＿＿＿＿遅れました。

女　連絡がなかったから心配していましたよ。

男　すみません。携帯を②＿＿＿＿＿＿電話できませんでした。

女　最近景気が③＿＿＿＿＿＿テレビが売れません。

男　売り上げ会議を早く開いたほうがいいですね。

女　④＿＿＿＿＿＿資料はすぐにできますか。

男　はい、今日中にできると思います。

女　じゃ、会議は明日にしましょう。

き いろ
黄色

くろ
黒

あか
赤

みどり
緑

むらさき
紫

き いろ 黄色 노랑	黄色			
あか 赤 빨강	赤			
くろ 黒 검정	黒			
むらさき 紫 보라색	紫			
みどり 緑 녹색	緑			

전화 예절

　전화를 걸 때는 걸기 전에 용건을 미리 정리하고, 메모를 위한 필기도구를 준비합니다. 상대방이 전화를 받으면 「○○(회사명, 부서명)の○○(이름)でございます」라고 자기의 회사, 소속, 이름을 밝힙니다. 용건으로 들어가기 전에 「～の件でお電話いたしました」라고 말하고, 내용이 많을 경우에는 「今よろしいでしょうか」라고 상대방의 상황을 확인하는 배려가 필요합니다. 전화를 끊을 때는 조용히 수화기를 놓아야 하고 전화를 건 사람이 먼저 끊습니다.

　전화를 받을 때는 벨이 울리면 신속히 받도록 하며 3회 이상 울렸을 경우에는 「お待たせいたしました」라고 인사를 하고 자신의 소속과 이름을 밝힙니다. 회사에서 전화를 받을 때에는 「もしもし」라고 하지 않습니다. 상대방이 누구인지 모를 경우에는 「失礼ですが、どちら様でしょうか」라고 물어 상대방의 회사와 이름을 확인합니다. 손윗사람으로부터 전화가 오거나 하명이 있을 때는 「はい、かしこまりました」하고 대답을 해야 합니다. 담당자가 부재 중일 때는 언제쯤 돌아올 예정인지 말해 주고, 메시지를 부탁 받을 경우에는 다시 한 번 내용을 정확히 확인합니다. 마지막으로 전화를 건 사람이 먼저 끊을 때까지 기다린 후 수화기를 내려 놓습니다.

アイディアぬきでは失敗してしまいます。

아이디어 없이는 실패해 버립니다.

- **〜ておく** ~해 두다
- **〜ば〜ほど** ~하면 ~할수록
- **〜ずに** ~하지 않고
- **〜ぬき** ~없이, ~을 뺀

PART 05

青山　ソさん、今日はプロジェクトチームに紹介します。

ソ　はい、よろしくお願いします。

青山　挨拶だけでいいと思いますが、何か聞かれるかもしれません。
準備だけはしておいたほうがいいですよ。

ソ　はい。もう一度レポートを読んでおきます。

青山　他に何か聞いておきたいことがありますか。

ソ　あのう、厳しい人ばかりだと聞いたんですが。

青山　そうかもしれません、でもそこで頑張らなければチームに
入る意味がありませんよ。

ソ　そうですね。

青山　それに厳しければ厳しいほど一度認められれば強い味方に
なってくれるものです。

ソ　そういうものですか。

青山　プロジェクトはいいアイディアぬきでは失敗してしまいます。
ソさんも恐れずにどんどん意見を言ってくだ
さい。大変だけど楽しいと思いますよ。

今日 오늘　プロジェクトチーム 프로젝트팀(project team)　紹介する 소개하다　挨拶 인사　準備 준비　レポート
리포트(report)　他 그 외, 그 밖　厳しい 엄하다　頑張る 열심히 하다, 노력하다　入る 참가하다, 들어가다　意味 의미
認める 높이 평가하다, 인정하다　強い 강하다　味方 내 편, 아군　アイディア 아이디어(idea), 생각　失敗する 실패
하다　恐れる 겁내다, 두려워하다　どんどん 잇따라, 계속해서　意見 의견　大変だ 힘들다, 큰일이다　楽しい 즐겁다

01 動詞 て形＋おく ～해 두다

① 非常口がどこにあるか確かめておかなきゃ。
　 ひじょうぐち　　　　　　　　　たし

② 毎日復習しておかなければなりません。
　 まいにちふくしゅう

③ 寝る前に目覚まし時計を合わせておきます。
　 ね　まえ　めざ　　　どけい　あ

02 ～ば～ほど ～하면 ～할수록

- 名詞＋なら(ば)＋名詞＋ほど
- な形容詞の語幹＋なら(ば)＋な形容詞の語幹＋なほど
- い形容の語幹＋ければ＋辞書形＋ほど
- 動詞ば形＋辞書形＋ほど

① 優秀な社員なら(ば)優秀な社員ほど給料が高いです。
　 ゆうしゅう　しゃいん　　　　ゆうしゅう　しゃいん　　きゅうりょう　たか

② 機械は便利なら(ば)便利なほどよく売れます。
　 きかい　べんり　　　　　べんり　　　　う

③ 駅に近ければ近いほど家賃が高いです。
　 えき　ちか　　　ちか　　　やちん　たか

④ お酒を飲めば飲むほど気持ちがよくなってきます。
　 さけ　の　　の　　　きも

⑤ 早く来れば来るほどいい席に座れます。
　 はや　く　　く　　　　せき　すわ

03 動詞ない形＋ずに ~하지 않고

① 歯を磨かずに寝たら虫歯になりますよ。
　　は　みが　　　ね　　　むしば

② 封筒に切手をはらずに出してしまいました。
　　ふうとう　きって　　　　　だ

③ 甘い物を食べずにがまんすればやせますよ。
　　あま　もの　た

04 名詞＋ぬき ~없이, ~을 뺀

① 商社ぬきではこの輸出はうまくいきません。
　　しょうしゃ　　　　　ゆ しゅつ

② アルコールぬきでパーティーをするって本当ですか。
　　　　　　　　　　　　　　　　　　　　ほんとう

③ 今夜、子供ぬきで集まりませんか。
　　こんや　こ ども　　　あつ

낱말과 표현

非常口 비상구　確かめる 확인하다　復習する 복습하다　目覚まし時計 자명종　合わせる 맞추다, 합치다
ひじょうぐち　　　たし　　　　　　　　　ふくしゅう　　　　　　め ざ　　どけい　　　　　　　　あ
優秀だ 우수하다　社員 사원　給料 급료　機械 기계　近い 가깝다　家賃 집세　気持ち 기분　席 자리　座る 앉다
ゆうしゅう　　　しゃいん　　きゅうりょう　　きかい　　ちか　　　　やちん　　　きも　　　せき　　すわ
歯を磨く 이를 닦다　虫歯 충치　封筒 봉투　切手 우표　はる 붙이다　出す 보내다, 내다　甘い物 단것
は みが　　　　　むしば　　　ふうとう　　きって　　　　　　　　　だ　　　　　　　　あま もの
がまんする 참다, 견디다　やせる 마르다　商社 상사　輸出 수출　うまくいく 잘 되어 가다　アルコール 알코올
　　　　　　　　　　　　　　　　　　　しょうしゃ　　ゆしゅつ
(alcohol), 술　パーティー 파티(party)　今夜 오늘 밤　集まる 모이다
　　　　　　　　　　　　　　　　　こんや　　　あつ

1

「〜ておく」를 이용하여 보기와 같은 문장을 만들어 말해 보세요.

> 보기　会議室を予約します。
> → 会議がありますから会議室を予約しておきます。

 1 みんなに連絡します。

 2 書類を作ります。

 3 机を並べます。

 4 コーヒーを頼みます。

2

「〜ずに」를 이용하여 보기와 같은 문장을 만들어 말해 보세요.

> 보기　人の気持ちを考えます。
> → 人の気持ちを考えずにそんなことを言わないでください。

1 よく調べます。　　**2** 実際に見ます。
3 よく話を聞きます。　　**4** 働きます。

PART 05

3 「～ば～ほど」를 이용하여 보기와 같은 문장을 만들어 말해 보세요.

> 보기 広いです。
>
> → アパートは広ければ広いほどいいです。

 1 家賃が安いです。

 2 部屋が明るいです。

 3 大家さんが優しい人です。

 4 公園のそばにあります。

낱말과 표현

会議室 회의실　予約する 예약하다　連絡する 연락하다　書類 서류　机 책상　並べる 죽 늘어놓다　コーヒー 커피
(coffee)　頼む 주문하다, 부탁하다　調べる 찾다, 조사하다　実際に 실제로　働く 일하다　広い 넓다　アパート 아
파트(apartment)　明るい 밝다　大家さん 집주인　優しい 상냥하다, 부드럽다　公園 공원　そば 옆, 곁

★ 아래의 **1** ~**4**를 넣어서 보기와 같이 대화를 나누어 보세요.

보기

A: 会議の書類を作っておいてください。
かいぎ　しょるい　つく

B: はい、わかりました。

A: 明日までにお願いします。
あした　　　　　ねが

1 報告書をコピーして
ほうこくしょ
１時までに
いちじ

2 会議の日時を連絡して
かいぎ　にちじ　れんらく
できるだけ早く
はや
※ 日時 일시, 날짜와 시각 | できるだけ 최대한, 가능한 한
にちじ

3 問題点を調べて
もんだいてん　しら
土曜までに
どよう

4 資料を読んで
しりょう　よ
会議の前に
かいぎ　まえ

★ 다음 대화를 듣고 욕실과 화장실이 있으면 ○를 없으면 ×를 넣으세요.

	風呂	トイレ
1 민宿 みんしゅく 民宿	( )	( )
2 秋田旅館 あきたりょかん 秋田旅館	( )	( )
3 江戸旅館 えどりょかん 江戸旅館	( )	( )

失敗 ↔ 成功
しっぱい　　　　せいこう

厳しい ↔ 優しい
きび　　　　　　やさ

味方 ↔ 敵
み かた　　　　てき

失敗 しっぱい 실패	失敗			

成功 せいこう 성공	成功			

厳しい きび 엄하다	厳しい			

優しい やさ 상냥하다	優しい			

味方 みかた 아군	味方			

敵 てき 적	敵			

日本の女性管理職は少ない。女性管理職が一人でもいる会社は三五％ぐらいだ。また日本全体で女性管理職はほんの六％しかいないそうだ。経営者は優秀な女性がないとか丁度いい仕事がないからと言っている。

だから三〇歳ぐらいになってもう上には行けないとわかると退職する女性も多い。留学して海外で就職して、高い地位につく女性も多い。能力がある女性を外国の会社に取られることはその会社だけでなく日本全体の大きな損失にもなる。これからは女性を生かせる会社が伸びていくのではないだろうか。

それに気づいた会社は女性管理職を増やす努力を始めた。せっかく育てた優秀な女性に辞められては会社も困る。ただ管理職の地位を与えればいいというのではない。働きやすい職場も用意しなければならない。結婚や出産、育児がしやすいことも必要だ。よく考えるとこれは女性だけでなく男性にも理想の職場だと言える。

国も二〇二〇年までに指導者としての女性を三〇％に増やすことにした。これが実現できて初めて日本も「やっとスタートに立つことができるのだと思う。

★ 위의 글을 읽고 다음 질문에 답하세요.

1. 女性管理職が１人でもいる会社は何％ですか。
2. 経営者は女性を管理職にしない理由は何だと言っていますか。
3. これからはどんな会社が伸びていくと言っていますか。
4. 「これが実現できて」のこれは何を指しますか。

확인 학습 1

Ⅰ _____에 들어갈 적당한 것을 ① · ② · ③ · ④에서 고르세요.

1. 仕事に<u>しっぱい</u>してしまいました。
   ① 矢敗　　　　② 失敗　　　　③ 矢則　　　　④ 失則

2. <u>いけん</u>があったら言ってください。
   ① 意見　　　　② 音見　　　　③ 意貝　　　　④ 音貝

3. <u>簡単</u>な料理を作りました。
   ① かんたん　　② かたん　　　③ かんだん　　④ かだん

4. 海外旅行はパスポートが<u>必要</u>です。
   ① ひっよお　　② ひつよ　　　③ ひつよお　　④ ひつよう

5. いろいろなことを<u>経験</u>したいです。
   ① けえけん　　② けけん　　　③ けいけん　　④ けっけん

Ⅱ _____에 들어갈 적당한 것을 ① · ② · ③ · ④에서 고르세요.

1. 飛行機は6時には着く_____です。
   ① ぐらい　　　② はず　　　　③ つもり　　　④ ばかり

2. お母さんは子供に嫌いな野菜を_____ました。
   ① 食べ　　　　② 食べられ　　③ 食べさせ　　④ 食べて

3. 今夜、子供_____集まりませんか。
   ① おきで　　　② わきで　　　③ よそで　　　④ ぬきで

4. 台風_____飛行機は飛べませんでした。
   ① のために　　② から　　　　③ ので　　　　④ による

5. よく勉強した_____成績が上がりました。
   ① ほどで　　　② ばかりに　　③ ぐらいで　　④ だけあって

Ⅲ 다음 문장을 일본어로 바꾸어 써 보세요.

1. 그를 만나면 만날수록 좋아집니다.

   → _____

2. 아버지에게 일을 도우라고 들었습니다.

   → _____

3. 좋은 텔레비전을 사려고 생각합니다.

   → _____

4. 일이 끝날 때까지 여기서 기다려 주세요.

   → _____

5. 어머니에게 배운대로 카레를 만들었습니다.

   → _____

同じことばかりやらせられています。

같은 것만 어쩔 수 없이 하고 있습니다.

- **〜なさい** ~하거라, ~해라
- **〜な** ~하지 마라
- **使役受け身** 사역수동
- **〜っぱなし** ~한 채로

安藤　ソさん、評判いいですね。

ソ　おかげさまで。

安藤　この間も人をほめない大田さんがソさんの意見がとてもいいとほめていたわよ。

ソ　そうですか。うれしいですね。

安藤　ソさんのおかげでプロジェクトがどんどん進んでいるんですってね。

ソ　いいえ、チームのみんなが優秀なんです。

安藤　ソさんもその一人よ。

ソ　いいえ、僕なんかまだまだです。これをしなさいとかこれはするなとか言われっぱなしですよ。

安藤　でも、うらやましいわ。私なんか毎日同じことばかりやらせられているから嫌になっちゃうわ。

ソ　事務の仕事も大切ですよ。その中で工夫したことを会社に言ったら。いろいろ考えるとどんな仕事も楽しくなりますよ。

安藤　何を工夫するの。

ソ　それを考えるのは僕じゃなくて安藤さんですよ。

낱말과 표현

評判 평판　この間 지난번, 요전　ほめる 칭찬하다　意見 의견　うれしい 기쁘다　プロジェクト 프로젝트
(project)　どんどん (순조롭게) 척척, 착착　進む 진행되다, 나아가다　チーム 팀(team)　優秀だ 우수하다　〜なんか ~따위　うらやましい 부럽다　嫌だ 싫다　事務 사무　仕事 일　大切だ 중요하다, 소중하다　工夫する 궁리하다

01 動詞ます形＋なさい ～하거라, ～해라

① 友達と仲良くしなさい。
ともだち　なか よ

② 旅館の予約を早くしておきなさい。
りょかん　　よ やく　はや

③ 天気の日にはふとんを干しなさい。
てん き　ひ　　　　　　　　　　ほ

④ お湯を沸かしなさいと言われた。
ゆ　わ　　　　　　　　い

02 動詞の辞書形＋な ～하지 마라

① カンニングするな。

② 小さい子を泣かすなと父に言われました。
ちい　こ　な　　　　ちち い

③ 危ないからここに入るなと書いてあります。
あぶ　　　　　　　はい　　　か

03 使役受け身 사역수동

1그룹 동사 (5단 동사)	あ단＋せられる （される）	待つ→待たせられる ま　　　ま 歌う→歌わせられる うた　　うた
2그룹 동사 (상1단동사 하1단동사)	～る＋させられる	見る→見させられる み　　み 覚える→覚えさせられる おぼ　　おぼ
3그룹 동사 (力行変格動詞 サ行変格動詞)	来る→こさせられる く する→させられる	掃除する→掃除させられる そうじ　　そうじ

① 毎日母に明日の予習をさせられています。
まいにちはは　　あした　　　よしゅう

② 父にバレーを止めさせられてしまいました。
ちち　　　　　　や

③ ゴミ問題についていろいろ考えさせられた。
もんだい　　　　　　　　　　　かんが

④ 母に買い物に行かせられました。
はは　か　もの　い

⑤ 苦い薬を飲まされました。
にが　くすり　の

⑥ 父に嫌な話を聞かされました。
ちち　いや　はなし　き

04　動詞ます形＋っぱなし　〜한 채로

① 電気をつけっぱなしにして外出してしまった。
でんき　　　　　　　　　　　　　がいしゅつ

② 本を読みっぱなしにしないで片づけなさい。
ほん　よ　　　　　　　　　　かた

③ 荷物を置きっぱなしにすると泥棒に盗られますよ。
にもつ　お　　　　　　　　　　どろぼう　と

낱말과 표현

仲良くする 사이좋게 지내다　旅館 여관　予約 예약　天気 좋은 날씨, 날씨　ふとんを干す 이불을 말리다
なかよ　　　　　　　　　　　りょかん　　　よやく　　　てんき　　　　　　　　　　　　　　　ほ

お湯を沸かす 물을 끓이다　カンニング 커닝(cunning)　泣く 울다　危ない 위험하다　覚える 기억하다, 외우다
ゆ　わ　　　　　　　　　　　　　　　　　　　　　　　　な　　　　あぶ　　　　　　　おぼ

掃除する 청소하다　予習 예습　バレー 배구(volleyball)　止める 그만두다　ゴミ 쓰레기　問題 문제
そうじ　　　　　　よしゅう　　　　　　　　　　　　　や　　　　　　　　　　　　　　　もんだい

買い物 쇼핑　苦い (맛이) 쓰다　薬を飲む 약을 먹다　電気 전등, 전기　つける 켜다　外出する 외출하다
か　もの　　にが　　　　　くすり　の　　　　　　でんき　　　　　　　　　　　　　　がいしゅつ

片づける 정리하다, 치우다　置く 놓다　泥棒 도둑　盗る 훔치다
かた　　　　　　　　　　　お　　　どろぼう　　　と

1 「〜なさい」를 이용하여 보기와 같은 문장을 만들어 말해 보세요.

> 보기 早_{はや}く寝_ねる。
> → 早_{はや}く寝_ねなさいと母_{はは}に言_いわれました。

❶ 外_{そと}で遊_{あそ}ぶ。

❷ 水泳_{すいえい}を習_{なら}う。

❸ 髪_{かみ}を切_きる。

❹ 庭_{にわ}の草_{くさ}を取_とる。

2 사역수동을 이용하여 보기와 같은 문장을 만들어 말해 보세요.

> 보기 先生_{せんせい}は子供_{こども}に掃除_{そうじ}をさせました。
> → 子供_{こども}は先生_{せんせい}に掃除_{そうじ}をさせられました。

❶ 母_{はは}は妹_{いもうと}に荷物_{にもつ}を持_もたせました。　❷ 姉_{あね}は弟_{おとうと}に靴_{くつ}を磨_{みが}かせました。

❸ 兄_{あに}は妹_{いもうと}を泣_なかせました。　❹ 先生_{せんせい}は生徒_{せいと}を並_{なら}ばせました。

3 「〜っぱなし」를 이용하여 보기와 같은 문장을 만들어 말해 보세요.

보기　服を脱ぎます。
　　→　子供は服を脱ぎっぱなしにして遊びに行ってしまいました。

 1 おもちゃを出します。

 2 かばんを置きます。

 3 窓を開けます。

 4 テレビをつけます。

낱말과 표현

水泳 수영　習う 배우다　髪を切る 머리를 자르다　庭 정원　草 풀　取る 뽑다, 잡다　妹 여동생　姉 언니, 누나
弟 남동생　靴 신발, 구두　磨く 닦다　生徒 (중·고교) 학생　並ぶ 줄을 서다, 늘어서다　服 옷　脱ぐ 벗다
おもちゃ 장난감　出す 내다, 내놓다　かばん 가방　開ける 열다　テレビ 텔레비전(television)

★ 아래의 **1** ~ **4**를 넣어서 보기와 같이 대화를 나누어 보세요.

보기

A: 何をしているんですか。

B: 掃除をさせられています。

A: 誰にですか。

B: 先生にです。

1 手伝わせられて／手伝わされて

父

2 試験を受けさせられて

先生

3 買い物に行かせられて／買い物に行かされて

母

4 本を読ませられて／本を読まされて

兄

 Track 36

PART 06

★ 다음 내용을 듣고 동작의 순서대로 번호를 넣으세요.

1

2

3

4

(   ) → (   ) → (   ) → (   )

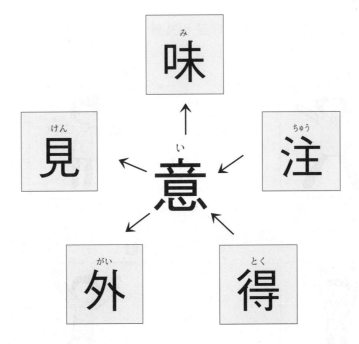

意味 의미	意味			

意見 의견	意見			

注意 주의	注意			

意外 의외	意外			

得意 득의	得意			

방문

　방문할 때에는 사전에 연락을 하여 상대방의 사정을 듣고 일시, 소요시간 등을 정해야 합니다. 처음으로 방문 시 사전에 거래처에 대한 사업내용과 경영방침, 주요 거래처 등 가능한 많은 최신 정보를 조사하는 것이 좋습니다. 또한 상대방의 소속부서명과 이름, 직위 등을 확인하고 약속시간 5분전에는 도착하도록 해야 합니다. 사고 등으로 어쩔 수 없이 늦는 경우에는 전화로 상황과 늦어지는 시간을 전달합니다. 예를 들어 자동차 사고로 늦어질 때에는「自動車事故のため、お約束の時間より約３０分ほど遅れてしまいます。伺わせていただいても、よろしいでしょうか」라고 말하면 됩니다. 방문은 접수처에 도착한 시점부터 시작되며 우선 회사명, 이름을 밝히고 담당자의 부서와 이름을 정확히 말합니다. 응접실에 안내를 받으면 처음에는 하석(입구 쪽)에 앉아 있다가 상석(입구에서 먼 쪽)을 권유 받으면 예를 표하고 자리를 이동합니다. 담당자가 오면 일어서서 정중히 인사하고 용건을 명확하고 간결하게 말합니다. 용건이 끝나면「本日は貴重なお時間を割いていただきまして、どうもありがとうございました」라고 고맙다는 인사를 전합니다.

失敗というほどのことじゃない。

실패라고 할 만큼의 것은 아니다.

- **～ところ**
- **お～になる** 존경어
- **～ほど** ~만큼
- **～たばかりに** ~바람에, ~탓으로

실전 회화

Track 37

PART 07

青山　ソさん、会議で使う報告書はできていますか。

ソ　すみません、今、やっているところです。

青山　まだ終わらないんですか。

　　　社長がお待ちになっているんですよ。

ソ　すみません。資料がなかなか届かなかったので。

青山　言い訳は後にして急いでやってください。

ソ　はい。あの、コピーは１０部でよろしいでしょうか。

青山　出席者の分と他に５部作ってください。

ソ　はい、全部で１５部ですね。

青山　ええ、社長には私からお届けしますから。

- -

小川　ソさん、どうしたの。元気がないね。

ソ　ええ、失敗して課長に怒られちゃったんです。

小川　ああ、あれね。失敗というほどのことじゃないよ。

ソ　でも報告書が遅れたばかりに社長をお待たせしちゃって。

小川　社長だからって・・・気にすることないよ。

ソ　でも。

낱말과 표현

会議 회의　報告書 보고서　できる 완성되다, 다 되다　今 지금　社長 사장　待つ 기다리다　資料 자료

なかなか〜ない 좀처럼 ~않다　届く 도착하다, 닿다　言い訳 변명　急ぐ 서두르다　コピー 카피(copy), 복사

〜部 ~부　出席者 출석자　分 분, 몫　他 그 외, 그 밖　届ける 전하다, 보내다　元気 기력, 기운　失敗する 실패하

다　課長 과장　怒る 화내다　遅れる 늦다　気にする 걱정하다, 마음에 두다

01 動詞の辞書形＋ところ ～하려던 참이다

① これから先生の家を訪ねるところです。

② これから髪を切るところです。

③ 子供をプールに行かせるところです。

動詞 て形＋いる＋ところ ～하고 있는 중이다

① 今、料理を並べているところです。

② 作文を書いているところです。

③ 今、シャワーを浴びているところです。

動詞 た形＋ところ 막 ～했다

① 先生に作文を直してもらったところです。

② 今、泥棒を捕まえたところです。

③ 今、ラジオを消したところです

02 お＋動詞ます形＋になる 존경어

① これから今回の計画について部長がお話しになります。

② 社長は一時の飛行機にお乗りになります。

③ 書類にお名前をお書きになってください。

74

03　普通形＋ほど　〜만큼

① 木が倒れるほど強い風が吹いています。

② 立っていられないほど疲れています。

③ 今日は氷ができるほど寒いです。

④ 暑くて裸になったほどです。

04　た形＋ばかりに　〜바람에, 〜탓으로

① 地図がなかったばかりに山で迷子になってしまった。

② あやまらなかったばかりに姉と大げんかになりました。

③ たばこを止めなかったばかりに病気になりました。

낱말과 표현

訪ねる 방문하다　髪を切る 머리를 자르다　プール 수영장(pool)　料理 요리　並べる 죽 늘어놓다　作文 작문
シャワーを浴びる 샤워를 하다　直す 고치다　泥棒 도둑　捕まえる 붙잡다　ラジオ 라디오(radio)　消す 끄다
今回 이번　計画 계획　部長 부장　書類 서류　名前 이름　木 나무　倒れる 쓰러지다　強い 강하다　風 바람
吹く 불다　立つ 서다　疲れる 피곤하다　氷 얼음　できる 생기다　暑い 덥다　裸 알몸, 맨몸　地図 지도
迷子 미아　あやまる 사과하다　大げんか 큰 싸움　たばこを止める 담배를 끊다

1 「〜ところ」를 이용하여 보기와 같은 문장을 만들어 말해 보세요.

> 보기 ホテルを予約しました。
> → ホテルを予約したところです。

1 試合に勝ちました。

2 アクセサリーを輸入します。

3 これから電車を乗り換えます。

4 橋を渡っています。

2 「〜ほど」를 이용하여 보기와 같은 문장을 만들어 말해 보세요.

> 보기 毎日食べたくなります。
> → 毎日食べたくなるほど好きです。

1 毎日作ります。　　　　**2** 毎日買います。

3 食べるのを止められません。　　**4** 誰にもあげたくないです。

3 「～たばかりに」를 이용하여 보기와 같은 문장을 만들어 말해 보세요.

보기 雨に降られました。
→ 雨に降られたばかりにかぜをひきました。

 ❶ 服がぬれました。

 ❷ 冷房が強かったです。

 ❸ コートを着ませんでした。

 ❹ 窓を閉めませんでした。

낱말과 표현
_____

ホテル 호텔(hotel)　予約する 예약하다　試合 시합　勝つ 이기다　アクセサリー 액세서리(accessory)　輸入する
수입하다　電車 전철　乗り換える 갈아타다　橋 다리　渡る 건너다　止める 그만두다　降る 내리다　かぜをひく
감기에 걸리다　服 옷　ぬれる 젖다　冷房 냉방　コート 코트(coat)　着る 입다　閉める 닫다

★ 아래의 **1** ~ **4**를 넣어서 보기와 같이 대화를 나누어 보세요.

보기

A : アリさん、アイスクリーム好^すきですか。
B : 毎日買^{まいにちか}うほど好^すきです。キムさんは？
A : 私^{わたし}も好^すきです。

1 マンガ
毎日読^{まいにち よ}む
私^{わたし}も好^すきです

2 海^{うみ}
毎年行^{まいとし い}く
私^{わたし}はあまり…
※ 毎年^{まいとし} 매년

3 映画^{えい が}
毎週見^{まいしゅう み}る
私^{わたし}は年^{ねん}に^に２、３回^{さんかい}です

4 サッカー
ファンクラブに入^{はい}る
私^{わたし}も入^{はい}っていますよ

※ ファンクラブ 팬클럽(fan club)

★ 다음 대화를 듣고 맞는 것에는 ○를 틀린 것에는 ×를 넣으세요.

1️⃣ キムさんは出かけるところです。 　　(　)

2️⃣ 計画書をコピーしているところです。 　(　)

3️⃣ 部長から今電話があったところです。 　(　)

4️⃣ 会議を始めるところです。 　　　　　(　)

たの
楽しい

かな
悲しい

さび
寂しい

は
恥ずかしい

よろこ
喜ぶ

たの 楽しい 즐겁다	楽しい			
さび 寂しい 쓸쓸하다	寂しい			
かな 悲しい 슬프다	悲しい			
は 恥ずかしい 부끄럽다	恥ずかしい			
よろこ 喜ぶ 기뻐하다	喜ぶ			

명함 주고받기

　명함은 가능한 한 상대보다 먼저 주는 것이 좋으며 명함을 건넬 때나 받을 때 모두 두 손으로 정중히 받습니다. 특별한 경우가 아니면 서서 받는 것이 예의입니다. 명함을 건넬 때는 「○○(회사명)の○○○(이름)と申します。 よろしくお願いいたします」라고 회사명과 이름을 말하면서 상대방이 정면으로 볼 수 있도록 건넵니다. 상대방 명함을 받으면 이름을 살짝 확인한 뒤 「○○様でいらっしゃいますね」라고 이름을 한 번 불러줍니다. 혹시 이름의 한자 읽는 법을 모를 때는 「失礼ですが、何とお読みしたらよろしいのでしょうか」라고 공손히 물어봅니다. 일본사람의 이름은 같은 일본인이라도 읽지 못하는 경우가 자주 있기 때문에 이름의 음독을 물어보는 것은 실례가 되지 않지만 명함을 받고 나서 상대방의 이름을 다시 물어보는 것은 큰 실례입니다. 상담할 상대가 여러 명이라면 이름이나 직책을 혼동하지 않도록 주의해야 하며 윗사람과 같이 있을 때는 윗사람의 소개를 받고 난 다음에 명함을 건넵니다. 　상대방의 명함을 만지작거리거나 메모 등은 하지 않으며 만약에 상대방이 명함을 주지 않을 경우에는 강요하지 않도록 합니다.

スイッチに対する苦情が増えました。

스위치에 대한 불만이 늘었습니다.

- ~**ことも[が]ある** ~하는 때(경우)도 있다
- ~**こと** ~할 것
- ~**なりに** ~나름의, 나름대로
- ~**に対して／対する** ~에 대하여/대하다

小川 　ではみなさん、こちらをご覧ください。

青山 　OHPがはっきり見えないですよ。

小川 　すみません。これでよろしいでしょうか。

　　　先月はスイッチに対する苦情が増えました。

青山 　どんな苦情が多いですか。

小川 　詳しいことは後ほどソのほうから報告いたしますが時々ス
　　　イッチが入らないことがあるという苦情が一番多かったです。

青山 　じゃ、この件については生産ラインのチェックを早急にする
　　　こと。いいですね。

- -

ソ 　　さっきは助けてくださってありがとうございました。

小川 　そんなこと当たり前じゃないか。

ソ 　　僕なりに準備したんですが、つっかえちゃって…。

小川 　大丈夫だよ。それより今日は大変だったから飲
　　　みに行こうか。

ソ 　　いいですね。僕も飲みたい気分です。

낱말과 표현

みなさん 여러분　ご覧 보는의 높임말　OHP 두상 투영기(overhead projector)　はっきり 확실히　スイッチ 스
위치(switch)　苦情 불평, 불만　増える 늘다, 늘어나다　詳しい 자세하다, 상세하다　後ほど 나중에, 뒤에　報告 보
고　時々 가끔　件 건, 사항　生産ライン 생산 라인　チェック 체크(check)　早急 매우 급함　さっき 아까, 조금
전　助ける 돕다　当たり前 당연함　準備する 준비하다　つっかえる 막히다　今日 오늘　大変だ 힘들다, 큰일이다
飲む (술을) 마시다　気分 기분

01 　〜ことも[が]ある　〜하는 때(경우)도 있다

- 名詞＋の＋ことも[が]ある
- な形容詞の語幹＋な＋ことも[が]ある
- 辞書形・ない形＋ことも[が]ある

① いつも１００点のホンさんでも９０点のこともある。

② いつもうるさい子供たちもたまには静かなことがあります。

③ 冬でも暖かいこともあります。

④ いくら強い選手でも試合に負けることがあります。

⑤ いい天気でも急に雨が降り出すことがあります。

⑥ 大好きなサッカーでも練習したくないことがあります。

02 　動詞の辞書形／ない形＋こと　〜할/하지 않을 것

① 字はきれいに書くこと。

② 門の前に学生を並ばせること。

③ 遅刻しないこと。

④ 料理は残さないこと。

03 名詞＋なりに ~나름의, 나름대로

① 父の失業が子供なりに心配でした。
　ちち しつぎょう こども しんぱい

② 彼は彼なりに一生懸命努力しています。
　かれ かれ いっしょうけんめい どりょく

③ 貧乏ですがそれなりにお正月を楽しみました。
　びんぼう しょうがつ たの

04 名詞＋に対して／対する ~에 대하여/대하다

① 社長に対して給料を上げてくださいと頼みました。
　しゃちょう たい きゅうりょう あ たの

② 最近は子供に対して厳しい親が少なくなりました。
　さいきん こども たい きび おや すく

③ それは目上の人に対する態度ではありません。
　めうえ ひと たい たいど

낱말과 표현

~点 ~점, 점수　うるさい 시끄럽다　たまに 가끔　静かだ 조용하다　冬 겨울　暖かい 따뜻하다　選手 선수
てん　　　　　　　　　　　　　　　　　　　　しず　　　　　　　ふゆ　　あたた　　　　　　せんしゅ

試合 시합　負ける 지다, 패하다　急に 갑자기　降り出す (비, 눈이) 내리기 시작하다　大好きだ 아주 좋아하다
しあい　　　ま　　　　　　　　きゅう　　　　ふ だ　　　　　　　　　　　　　　だいす

サッカー 축구(soccer)　練習する 연습하다　字 글자　きれいだ 예쁘다　門 문　並ぶ 줄을 서다, 늘어서다
　　　　　　　　　　　れんしゅう　　　　じ　　　　　　　　　　　もん　なら

遅刻する 지각하다　残す 남기다　失業 실업　心配 걱정　彼 그 (남자)　一生懸命 열심히
ちこく　　　　　　の　　　　しつぎょう　　しんぱい　　かれ　　　　いっしょうけんめい

努力する 노력하다　貧乏 가난(한 사람)　お正月 정월, 설날　楽しむ 즐기다　給料 급료　上げる 올리다
どりょく　　　　　びんぼう　　　　　　しょうがつ　　　　　たの　　　　　きゅうりょう　あ

頼む 부탁하다　最近 최근, 요즘　厳しい 엄하다　親 부모　少ない 적다　目上 윗사람　態度 태도
たの　　　　さいきん　　　　きび　　　　おや　　　すく　　　　　めうえ　　　　たいど

1 「〜こともある」를 이용하여 보기와 같은 문장을 만들어 말해 보세요.

> 보기 答を間違えます。
> → 答を間違えることもあります。

❶ 居酒屋に寄ります。

❷ たばこの火で火事になります。

❸ 三つ子が生まれます。

❹ コンサートで座れません。

2 「〜に対して」를 이용하여 보기와 같은 문장을 만들어 말해 보세요.

> 보기 家族
> → 家族に対して愛情を持っています。

❶ 子供   ❷ 妻
❸ 息子   ❹ 娘

3 「〜こと」를 이용하여 보기와 같은 문장을 만들어 말해 보세요.

> 보기　ゲームを持^もってきません。
> → ゲームを持^もってこないこと。

 ① ここに自転車^{じ てんしゃ}を止^とめません。

 ② 機械^{き かい}にさわりません。

 ③ 7時^{しち じ}までに来^きます。

 ④ 鍵^{かぎ}をしめます。

낱말과 표현

答^{こたえ} 답　間違^{まちが}える 잘못하다, 틀리게 하다　居酒屋^{いざかや} 선술집　寄^よる 들르다　たばこ 담배　火^ひ 불　火事^{か じ} 화재　三^みつ子^ご 세

쌍둥이　生^うまれる 태어나다　コンサート 콘서트(concert)　座^{すわ}る 앉다　家族^{か ぞく} 가족　愛情^{あいじょう} 애정　妻^{つま} 아내　息子^{むすこ} 아

들　娘^{むすめ} 딸　ゲーム 게임(game)　自転車^{じ てんしゃ} 자전거　止^とめる 세우다, 멈추다　機械^{き かい} 기계　さわる 만지다　鍵^{かぎ} 열쇠

しめる 잠그다

★ 아래의 **1**~**4**를 넣어서 보기와 같이 대화를 나누어 보세요.

보기

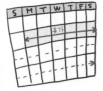

A: 会社に対して何か言いたいことはありませんか。
B: もっと休みを増やしてほしいです。
A: 課長に話してみますよ。
B: よろしくお願いします。

1 先生

もっと優しくして

言って

2 学校

制服をなくして

校長に頼んで

※ 制服 교복, 제복

3 会社

給料を上げて

相談して

※ 相談する 상담하다

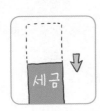

4 国

税金を安くして

調べて

※ 税金 세금

PART 08

★ 다음 내용을 듣고 기숙사의 규칙으로 맞는 것에는 ○를 그렇지 않은 것에는 ×를 넣으세요.

1️⃣　ゴミは前の日に出すこと。　　　　　　　（　　）

2️⃣　動物を飼わないこと。　　　　　　　　　（　　）

3️⃣　ピアノは9時になったら止めること。　　（　　）

4️⃣　友達を部屋に入れないこと。　　　　　　（　　）

ほんじつ
本日

みょうにち
明日

さくじつ
昨日

おんしゃ
御社

とうしゃ
当社

ほん じつ 本日 오늘	本日			
さく じつ 昨日 어제	昨日			
みょう にち 明日 내일	明日			
おん しゃ 御社 귀사, 상대방 회사	御社			
とう しゃ 当社 당사, 우리 회사	当社			

일본의 유명 전자회사

HITACHI
Inspire the Next

히타치(Hitachi)
전자를 비롯 기계, 발전-산업시스템, 산업소재, IT서비스, 유통 등 일본 최대의
종합전자전기회사로 일본어로 日立의 의미는 해돋이입니다.

Panasonic
ideas for life

파나소닉(Panasonic)
마쓰시타라는 이름에서 2008년 10월부터 파나소닉(Panasonic)으로 변경했으며, 전자
부분에서는 일본 최대 회사입니다. 창업자인 故 마쓰시타 고노스케 (松下幸之助)는
'경영의 신'이라고 불릴 만큼 가장 존경스러운 경영인으로 인정받고 있습니다.

SONY

소니(Sony)
세계적으로 가장 널리 알려진 일본의 전자 회사입니다. 소니를 상징했던
워크맨에서부터 최근의 플레이스테이션에 이르기까지 수많은 히트상품들을
만들어내며 세계 전자산업을 주도해 가고 있습니다.

FUJITSU THE POSSIBILITIES ARE INFINITE

후지쓰(Fujitsu)
일본의 대표적인 컴퓨터 관련 회사입니다. 주력 사업분야는 IT솔루션 및
컴퓨터제조이며 반도체 및 소형 하드디스크에서도 상당한 경쟁력을 가지고
있습니다.

TOSHIBA
Leading Innovation >>>

도시바(Toshiba)
도시바는 세계최초로 노트북을 상용화한 회사로 노트북이라는 명칭 역시 도시바의
제품명으로부터 일반화되었습니다. 이 회사의 주력 분야는 노트북과 반도체입니다.

 **MITSUBISHI ELECTRIC**

미쓰비시전기(Mitsubishi Electric)
종합전자전기회사로 미쓰비시 계열의 중추적인 기업이기도 하며 주요 사업분야는
자동화 설비, 빌딩시스템, 정보통신이며 에어컨시스템, 엘리베이터 등에서는
세계최고의 경쟁력을 가지고 있습니다.

SHARP

샤프(Sharp)
샤프펜슬을 만들어 낸 회사로, 회사명칭 역시 이 샤프펜슬에서 유래하였습니다. 이
회사의 주력사업은 LCD분야이며 세계 최초로 LCD를 실용화 시켰습니다.

NEC Empowered by Innovation

NEC
IT분야의 기술력에 있어 일본 최고로 평가 받는 기업입니다. 주력 사업분야는
IT솔루션 및 네트워크솔루션입니다. 일본 내에서는 휴대폰과 PC 판매에 있어서도
상위권에 속합니다.

09

遅れるおそれがあります。

늦을 우려가 있습니다.

- 助詞＋の＋名詞 ~의
- ～に違いない ~임에 틀림없다
- ～ていただく 겸양어
- ～おそれがある ~할 우려가 있다

ソ　ただいま。

坂本　あ、ソさん、お帰りなさい。キムさんという人から電話がありましたよ。1週間ほど日本にいるそうです。

ソ　ありがとう。大学時代の友人なんです。

坂本　川田電気との打ち合わせはうまくいきましたか。

ソ　ええ。ところで坂本さんのほうは？

坂本　大村電気から厳しいことを言われて困っています。

ソ　じゃ、契約が中止になるおそれもありますか。

坂本　そうですね。解決しなければならない問題があるのでかなり遅れるおそれがあります。遅れても契約できればいいんですけど。

ソ　そんなに難しい状況ですか。

坂本　ええ。契約が失敗した場合を考えると怖いです。

ソ　そんなに心配しなくても大丈夫ですよ。大村電気だってうちから品物を買いたいに違いないですから。

坂本　ソさん、ちょっと話を聞いていただけませんか。

ソ　いいですよ。

낱말과 표현

電話 전화　大学時代 대학시절　友人 친구　打ち合わせ (미리) 상의, 협의　うまくいく 잘 되어 가다　厳しい 엄하다　困る 곤란하다　契約 계약　中止 중지　解決する 해결하다　問題 문제　遅れる 늦다　難しい 어렵다　状況 상황　失敗する 실패하다　場合 경우　怖い 무섭다　心配する 걱정하다　うち 자기가 소속해 있는 곳(가정, 회사 등)　品物 물건, 상품

01 助詞＋の＋名詞 ~의

① これは母からのプレゼントです。
　　　　はは

② これは母へのプレゼントです。
　　　　はは

③ 友達との旅行は京都にしました。
　　ともだち　　　　りょこう　　きょうと

02 ~に違いない ~임에 틀림없다

- 名詞・な形容詞の語幹＋に違いない
- 普通形＋に違いない

① 彼女は独身に違いないです。
　　かのじょ　どくしん　ちが

② この国はサッカーがさかんに違いない。
　　　くに　　　　　　　　　　　　ちが

③ 山の桜はもうすぐ咲くに違いない。
　　やま　さくら　　　　　　　さ　ちが

④ パーティーのしたくは終わったに違いありません。
　　　　　　　　　　　　　　　お　　　ちが

03　動詞 て形＋いただく　겸양어

① 校長先生に夏休みの生活について話していただきます。
　こうちょうせんせい　なつやす　せいかつ　　　　　はな

② すみません、明日残業していただけませんか。
　　　　　あした　ざんぎょう

③ 今から会社に書類を届けていただけませんか。
　いま　　かいしゃ　しょるい　とど

04　～おそれがある　～할 우려가 있다

- 名詞＋の＋おそれがある
- な形容詞の語幹＋な＋おそれがある
- 普通形＋おそれがある

① 夫はガンのおそれがある。
　おっと

② あの先生は新人ですから教え方が下手なおそれがある。
　　せんせい　しんじん　　　　　おし　かた　へた

③ 息子は試験に落ちるおそれがあります。
　むすこ　しけん　お

④ 仕事を辞めさせられるおそれがあります。
　しごと　や

⑤ この品物はすぐに壊れるおそれがあります。
　しなもの　　　　こわ

낱말과 표현

プレゼント 선물(present)　旅行 여행　京都 교토　彼女 그녀, 그 (여자)　独身 독신　国 나라　サッカー 축구
(soccer)　さかんだ 번성하다　桜 벚꽃　咲く 피다　したく 준비　校長先生 교장선생님　夏休み 여름방학　生活
생활　残業する 잔업하다　会社 회사　書類 서류　届ける 보내다, 전하다　夫 남편　ガン 암　新人 신인　教え方
가르치는 방법　下手だ 서투르다　息子 아들　試験 시험　落ちる 낙방하다, 떨어지다　仕事を辞める 일을 그만두
다　壊れる 고장나다, 부서지다

1 「〜に違いない」를 이용하여 보기와 같은 문장을 만들어 말해 보세요.

> 보기 晴^はれます。
> → 明日^{あした}は晴^はれるに違^{ちが}いありません。

① 雪^{ゆき}が降^ふります。

② 台風^{たいふう}が来^きます。

③ 風^{かぜ}が強^{つよ}いです。

④ 大雨^{おおあめ}になります。

2 「〜ていただく」를 이용하여 보기와 같은 문장을 만들어 말해 보세요.

> 보기 アンケートに答^{こた}えます。
> → アンケートに答^{こた}えていただけませんか。

 ① こちらに並^{なら}びます。

 ② ここで靴^{くつ}を脱^ぬぎます。

 ③ 切手^{きって}をはります。

 ④ ここで乗^のり換^かえます。

3 「〜おそれがある」를 이용하여 보기와 같은 문장을 만들어 말해 보세요.

> 보기 台風が来ます。
> → 台風が来るおそれがあります。

❶ 大雨になります。

❷ 雪が降ります。

❸ 機械が壊れます。

❹ 品物が届きません。

낱말과 표현

晴れる 날이 개다　雪 눈　降る 내리다　台風 태풍　風 바람　強い 강하다　大雨 큰비, 폭우　アンケート 앙케트, 의견 조사　答える 대답하다　並ぶ 줄을 서다, 늘어서다　靴 신발, 구두　脱ぐ 벗다　切手 우표　はる 붙이다 乗り換える 갈아타다　機械 기계　届ける 도착하다, 닿다

★ 아래의 ❶~❹를 넣어서 보기와 같이 대화를 나누어 보세요.

보기

A: この家、地震が起きたら壊れるおそれがあるって。

B: 誰から聞いたの。

A: 大工さん。

B: じゃ、すぐに直さなくちゃ。 ※地震 지진

❶ ヤンさん、手術しなければならない

山田先生

準備しなければ

❷ 太郎、試験に落ちる

担任の先生

塾に行かせなければ

※担任 담임 | 塾 사설 학원

❸ 明日、大雪になる

天気予報

今日出発したほうがいい

※天気予報 일기예보 | 出発する 출발하다

❹ 仕事が間に合わない

キムさん

手伝ったほうがいい

※間に合う 시간에 늦지 않게 대다

★ 다음 대화를 듣고 여자가 했던 말에는 ○를 그렇지 않은 것에는 ×를 넣으세요.

1 台風が来るおそれがある。　　　　　（　　）

2 電車が止まるおそれはない 。　　　　（　　）

3 タクシーがないおそれがある。　　　（　　）

4 木が倒れるおそれがある。　　　　　（　　）

人事 じんじ 인사	人事			
総務 そうむ 총무	総務			
営業 えいぎょう 영업	営業			
経理 けいり 경리	経理			
企画 きかく 기획	企画			

경어

	尊敬	謙譲
する	なさる	いたす
行^いく	いらっしゃる/おいでになる	まいる/うかがう
来^くる	いらっしゃる/おいでになる	まいる/うかがう
いる	いらっしゃる/おいでになる	おる
食^たべる	召^めし上がる	いただく
言^いう	おっしゃる	申^{もう}す/申^{もう}し上^あげる
見^みる	ご覧^{らん}になる	拝見^{はいけん}する

記者会見

10

2年にわたってこの仕事を
してきました。

2년에 걸쳐 이 일을 해 왔습니다.

- ~**てくださる** 존경어
- ~**続ける** 계속 ~하다
- ~**た後** ~한 다음
- ~**にわたって／わたる** ~에 걸쳐/걸치다

坂本　ソさん、もうすぐ記者会見が始まりますよ。

ソ　　大村電気の社長もいらっしゃってくださいましたね。

坂本　そうなんですよ。私、うれしくって。

ソ　　坂本さんはずいぶん苦労しましたからね。

坂本　ええ、2年にわたってこの仕事をしてきましたが、もう駄目
　　　だと思ったことが何度もありました。

ソ　　僕もほっとしています。大村電気に反対され続けたときはど
　　　うなるのかと心配しました。

坂本　そうですね。ソさんにもずいぶん助けていただきました。
　　　本当にありがとうございました。

ソ　　いいえ、そんなことありませんよ。ところでプロジェクトが
　　　終わった後僕たちはどうなるんですか。

坂本　また元の課に戻るんですよ。

ソ　　そうですか。またこんなプロジェクトに参加でき
　　　るでしょうか。

坂本　ええ、またチャンスはあると思いますよ。
　　　今日のパーティーはおおいに楽しみましょう。

낱말과 표현

記者会見 기자회견　始まる 시작되다　いらっしゃる 行く, 来る, 居る의 높임말　うれしい 기쁘다　ずいぶん 상당
히　苦労する 고생하다　駄目だ 가망이 없다, 안 된다　ほっとする 안심하다　反対する 반대하다　心配する 걱정하
다　助ける 돕다　ところで 그런데　プロジェクト 프로젝트(project)　元 원래　課 과, 부서　戻る 되돌아가다[오다]
また 또, 다시　参加する 참가하다　チャンス 찬스(chance)　おおいに 매우, 대단히　楽しむ 즐기다

01 　動詞 て形＋くださる　존경어

① 先生は詳しく説明してくださいました。
　　せんせい　　くわ　　　せつめい

② すみません、地図を書いてくださいませんか。
　　　　　　　　　ち ず　か

③ 部長が文章を直してくださいました。
　　ぶちょう　ぶんしょう　なお

02 　動詞ます形＋続ける　계속 ～하다

① 迷子になった子供の名前を呼び続けました。
　　まいご　　　　　　こども　なまえ　よ　つづ

② 強い風のために木がまだ揺れ続けています。
　　つよ　かぜ　　　　き　　　　ゆ　つづ

③ アリさんは４２キロを走り続けました。
　　　　　　　よんじゅうに　　　　はし　つづ

03 動詞 た形＋後 ～한 다음

① 歯を磨いた後で顔を洗います。
は　みが　　　あと　　かお　あら

② 運動した後で昼寝をしました。
うんどう　　あと　ひる ね

③ 友達と別れた後で、忘れ物に気がつきました。
ともだち　わか　あと　　　わす もの　き

04 名詞＋にわたって／わたる ～에 걸쳐/걸치다

① ５年にわたる工事がやっと終わりました。
ご ねん　　　　こうじ　　　　　お

② ２週間にわたって雨が降ったので川の水が溢れた。
に しゅうかん　　　　　あめ　ふ　　　　かわ みず あふ

③ 全クラスにわたって試験が行われました。
ぜん　　　　　　　　し けん　おこな

낱말과 표현

詳しい 자세하다, 상세하다　説明する 설명하다　地図 지도　部長 부장　文章 문장　直す 고치다　迷子 미아
くわ　　　　　　　　　　　せつめい　　　　　　　ちず　　　ぶちょう　　ぶんしょう　　なお　　　　まいご
呼ぶ 부르다　風 바람　揺れる 흔들리다　キロ 킬로(kilo)　走る 달리다　歯を磨く 이를 닦다　顔を洗う 세수하다
よ　　　　かぜ　　ゆ　　　　　　　　　　　　　　はし　　　　は　みが　　　　　かお あら
運動する 운동하다　昼寝 낮잠　別れる 헤어지다　忘れ物 잊은 물건　気がつく 알아차리다, 생각나다　工事 공사
うんどう　　　　ひるね　　わか　　　　　　わす もの　　　　き　　　　　　　　　　　　　こうじ
やっと 겨우　川 강　溢れる 흘러 넘치다　全 전~, 모든　クラス 클래스(class), 학급　試験 시험　行う 실시하다
かわ あふ　　　　　　　ぜん　　　　　　　　　　　　　　し けん　　　おこな

1 「～てくださる」를 이용하여 보기와 같은 문장을 만들어 말해 보세요.

> 보기 先生が本を貸しました。
> → 先生が本を貸してくださいました。

1 資料を持ってきました。

2 本を読みました。

3 ビデオを見せました。

4 漢字を教えました。

2 「～続ける」를 이용하여 보기와 같은 문장을 만들어 말해 보세요.

> 보기 働きます。
> → 姉は働き続けています。

1 泣きます。

2 笑います。

3 怒ります。

4 苦しみます。

PART 10

3 「～た後」를 이용하여 보기와 같은 문장을 만들어 말해 보세요.

> 보기 風呂に入ってから寝ます。
> → 風呂に入った後で寝ます。

1 宿題をしてから遊びに行きます。

2 目覚まし時計を止めてから起きます。

3 電気を消してから部屋を出ます。

4 泳いでからシャワーを浴びます。

낱말과 표현

貸す 빌려 주다 資料 자료 ビデオ 비디오(video) 見せる 보여 주다 漢字 한자 教える 가르치다 働く 일하다 泣く 울다 笑う 웃다 怒る 화내다 苦しむ 괴로워하다 風呂に入る 목욕하다 宿題 숙제 目覚まし時計 자명종 止める 멈추다, 멎게 하다 電気 전등, 전기 消す 끄다 出る 나오다[가다] 泳ぐ 헤엄치다 シャワーを浴びる 샤워를 하다

★ 아래의 ① ~ ④를 넣어서 보기와 같이 대화를 나누어 보세요.

보기

A: 卒業した後、どうしますか。

B: 国に帰って店を開くつもりです。

A: 頑張ってください。

① 就職した

　資格を取る

　※ 就職 する 취직하다 | 資格 자격(증)

② 子供が生まれた

　働き続ける

③ 大学院に入った

　宇宙について研究する

　※ 宇宙 우주 | 研究する 연구하다

④ 会社を辞めた

　留学する

　※ 留学する 유학하다

PART 10

 다음 내용을 듣고 설명과 맞는 그래프를 고르세요.

❶
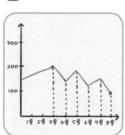

❷
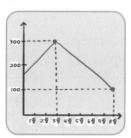

❸
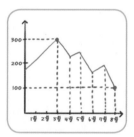

❹
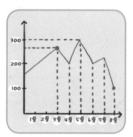

			そ			
		ぼ	う	ね	ん	か	い
			べ		
			つ		

そ
ぼ　う　ね　ん　か　い
べ
つ
か　ぶ　ぬ　し　そ　う　か　い
ん　　　　　　　　い
ね
か　ん　げ　い　か　い
ん
か
い

かぶぬしそうかい **株主総会** 주주총회	株主総会			
ぼうねんかい **忘年会** 망년회	忘年会			
しんねんかい **新年会** 신년회	新年会			
そうべつかい **送別会** 송별회	送別会			
かんげいかい **歓迎会** 환영회	歓迎会			

日本では最近「ワーキングプア」が増えている。ワーキングプアとは働いているが収入が少ない人たちのことだ。生活が苦しい人は国から生活費をもらっているがそれと同じぐらい、中にはもっと少ない人もいる。働いている人の三人に一人、約一六〇〇万人がこのワーキングプアで社会問題になっている。

日本では一度会社に勤めたら定年まで働けるのが普通だった。だから日本経済がよかった一九七〇年代から一九八〇年代には九〇％の日本人が自分を中流だと考えていた。

しかし一九九一年から日本経済が悪くなると、企業は給料を増やしたくないので正社員を減らして非正規社員を増やした。正社員と同じ時間、同じ仕事をしても彼らの給料はとても低い。

そして正社員は責任が重くなって忙しくなった。残業が増えて過労死する人も出てきた。いくら給料が増えても人間的な生活ができないのでは困る。また技術がうまく伝わらないおそれもある。目先の利益ばかり考えていると後で困ることになるのではないだろうか。

★ 위의 글을 읽고 다음 질문에 답하세요.

1. ワーキングプアというのはどんな人ですか。

2. ワーキングプアはどのぐらいいますか。

3. 80年代に90％の人々は自分のことをどう考えていましたか。

4. 非正規社員が増えて正社員はどうなりましたか。

확인 학습 2

I _____에 들어갈 적당한 것을 ① · ② · ③ · ④에서 고르세요.

1. 問題を<u>かいけつ</u>しなければなりません。
   ① 会快   ② 会決   ③ 解快   ④ 解決

2. <u>ほうこく</u>は課長にしてください。
   ① 報告   ② 報呈   ③ 服告   ④ 服呈

3. 事務も<u>大切</u>な仕事です。
   ① だいせつ   ② たいせつ   ③ だえせつ   ④ だいぜつ

4. 父が死んでから母は<u>苦労</u>しました。
   ① くうろう   ② くっろう   ③ ぐろう   ④ くろう

5. パーティーの<u>準備</u>はもう終わりました。
   ① じんび   ② ぜんび   ③ じゅんび   ④ しゅんび

II _____에 들어갈 적당한 것을 ① · ② · ③ · ④에서 고르세요.

1. 社長に_____給料を上げてくださいと頼みました。
   ① ついて   ② よって   ③ 対して   ④ とって

2. 毎日母に明日の予習を_____います。
   ① させられて   ② させて   ③ されて   ④ さして

3. 今から会社に書類を届けて_____か。
   ① いただけました   ② いただきます   ③ いただけません   ④ いただきません

4. 書類にお名前をお書き_____ください。
   ① して   ② になり   ③ されて   ④ になって

5. ５年に_____工事がやっと終わりました。
   ① わたって   ② わたる   ③ かける   ④ かけて

Ⅲ 다음 문장을 일본어로 바꾸어 써 보세요.

1. 영화를 본 다음 쇼핑을 했습니다.

   → _____

2. 쓰레기는 쓰레기통에 버릴 것.

   → _____

3. 이 방에 들어오지 말라고 들었습니다.

   → _____

4. 늦게 일어나는 바람에 학교를 지각해 버렸습니다.

   → _____

5. 이 집은 지진으로 부서질 우려가 있습니다.

   → _____

부록

스크립트 및 정답

낱말과 표현 총정리

1과

☆ 듣|기|연|습| 스크립트

男：公園の入り口は広場にしようと思うんだ。

女：じゃ、その北側には花を植える？

男：それがいいね。それから山を一番遠い北に造って前に木をたくさん植えるのはどう？

女：いいわね。じゃ、池と川はどこにする？

男：山の右側に池を造って川は池の右側にしよう。

女：でもそこは花の場所だったでしょう。

男：花は広場に植えればいいよ。

女：仕方ないわね。
小さな子供たちの遊ぶところは？

男：それは池の前にしよう。

답

池 → 1

川 → 2

낱말과 표현

公園 공원　入り口 입구　広場 광장　北側 북쪽
花 꽃　一番 제일, 가장　遠い 멀다　造る 조성하다, 만들다　前 전, 앞　木 나무　池 연못　川 강　右側 오른쪽
場所 장소　仕方がない 달리 방법이 없다　小さい 어리다, 작다　遊ぶ 놀다　ところ 곳, 장소

2과

☆ 듣|기|연|습| 스크립트

女：あれ、ソンさん、早く来るはずだったでしょう。

男：ごめん。イさんはどこ？

女：今ビールを冷蔵庫に入れているわ。

男：ビール？それは昨日やるはずだったでしょう。

女：そうなんだけど…忘れちゃって。

男：椅子は５０個用意してくれた？

女：ええ、それは大丈夫。案内は１人だけでいいかしら。

男：そのつもりだったけどお年寄りが多いから２人にしたほうがいいと思うんだ。

女：じゃ、私が手伝うわ。

답

1 (✕)　　2 (✕)　　3 (○)　　4 (✕)

낱말과 표현

今 지금　ビール 맥주(beer)　冷蔵庫 냉장고　入れる 넣다　昨日 어제　やる 하다　忘れる 잊어버리다　椅子 의자
用意する 준비하다　大丈夫だ 괜찮다　案内 안내
お年寄り 어르신　手伝う 돕다

☆ 듣|기|연|습| 스크립트

男：プログラムですが、1年と2年は早いほう
　　がいいですね。

女：ええ、1，2年生は休み時間に帰らせます
　　から。1年生は歌を歌ってから席に戻らな
　　いほうがいいですね。

男：じゃ、休み時間のすぐ前にしましょう。
　　一番目は6年生にしますか。

女：6年生はやっぱり最後でしょう。1番目は
　　5年生がいいですね。2年生はその後。

男：休み時間の後は何年生にしますか。

女：4年の音楽がいいでしょう。

男：そうすれば休み時間に準備ができますね。

女：ええ、5番目は3年生の踊りですから準備
　　が要りませんし。

답

(5)→(2)→(1)→休→(4)→(3)→(6)

☆ 듣|기|연|습| 스크립트

男：すみません。①事故のために遅れました。

女：連絡がなかったから心配していましたよ。

男：すみません。携帯を②忘れたために電話で
　　きませんでした。

女：最近景気が③悪くなったためにテレビが売
　　れません。

男：売り上げ会議を早く開いたほうがいいですね。

女：④会議のための資料はすぐにできますか。

男：はい、今日中にできると思います。

女：じゃ、会議は明日にしましょう。

답

1　事故のために
2　忘れたために
3　悪くなったために
4　会議のための

낱말과 표현

プログラム 프로그램(program)　早い (시간적으로) 빠르
다　休み 휴식, 휴일　時間 시간　歌 노래　席 자리　戻る
되돌아오다[가다]　～番目 ～번째　やっぱり 역시　最後
마지막　後 후, 뒤　音楽 음악　準備 준비　踊り 춤　要
る 필요하다

낱말과 표현

連絡 연락　心配する 걱정하다　携帯 휴대폰　忘れ
る (물건을) 잊고 두고 오다[가다]　電話 전화　最近 최
근, 요즘　景気 경기　悪く 나쁘다　テレビ 텔레비전
(television)　売れる 팔리다　売り上げ 매상, 매출　会議
회의　開く 모임을 갖다, 열다　資料 자료　今日中 오늘 중

☆ 듣|기|연|습 스크립트

女：日本のホテルは高いわね。やっぱり安い民
宿にする？

男：でも、民宿は部屋にトイレも風呂もついて
いないよ。

女：風呂ぬきでもいいけど、トイレはないと
困るわ。

男：じゃ、旅館にしよう。秋田旅館は７千円だよ。

女：でも、江戸旅館はもっと安いわよ。

男：江戸旅館はトイレはあるけど風呂がついて
いないから。

女：じゃ、高くてもお風呂もある秋田旅館が
いいわ。

답

風呂	トイレ
1 （×）	（×）
2 （○）	（○）
3 （×）	（○）

낱말과 표현 ......

ホテル 호텔(hotel) **民宿** 민박 **トイレ** 화장실(toilet)
風呂 욕실 **つく** 붙다 **困る** 곤란하다 **旅館** 여관

---

1 35%ぐらいです。

2 優秀な女性がいないとか丁度いい仕事がない
からと言っています。

3 女性を生かせる会社です。

4 「指導者としての女性を30%に増やすこと」
です。

확인학습 1 – 정답

Ⅰ. 漢字

1 ② 失敗(5과)

2 ① 意見(3과)

3 ① かんたん(2과)

4 ④ ひつよう(4과)

5 ③ けいけん(1과)

Ⅱ. 文法

1 ② はず(2과)

2 ③ 食べさせ(3과)

3 ④ ぬきで(5과)

4 ① のために(4과)

5 ④ だけあって(1과)

Ⅲ. 作文

1 彼に会えば会うほど好きになります。(5과)

2 父に仕事を手伝えと言われました。(3과)

3 いいテレビを買おうと思います。(1과)

4 仕事が終わるまでここで待っていてくださ
い。(2과)

5 母に教えてもらったとおりにカレーを作り
ました。(4과)

★ 듣|기|연|습| 스크립트

女：じゃ、これから先生の言うとおりにしてください。最初にまっすぐ立って、両手を横に広げて。

男：はい。横にまっすぐ広げました。

女：じゃ、次にその手をまっすぐ上まで上げて。手が耳につきましたか。

男：はい。手はまっすぐ上です。

女：次に手と足を開きます。手は１０時１０分になるようにしなさい。

男：はい、手も足も広げました。

女：はい、じゃ、そのまま体を後ろに曲げます。

男：先生、苦しい。

답

(2) → (3) → (4) → (1)

★ 듣|기|연|습| 스크립트

女：キムさんはどこですか。

男：キムさんは出かけたところですが…。

女：じゃ、計画書はどうなりましたか。

男：今、コピーしているところです。

女：じゃ、会議を始めましょう。あれ、部長がいませんね。

男：事故で遅れるという電話が今あったところです。

女：そうですか。じゃ、会議は午後にしましょう。

男：はい、承知しました。

답

1 (✕)　　2 (○)　　3 (○)　　4 (✕)

낱말과 표현 ....

最初 처음, 최초　まっすぐ 곧장, 똑바로　立つ 서다
両手 양손　横 옆, 가로　広げる 펼치다, 넓히다　次 다음
上 위　上げる 올리다　耳 귀　つく 붙다　足 다리　開く
벌리다, 열다　体 몸　後ろ 뒤　曲げる 구부리다　苦しい
괴롭다, 힘겹다

낱말과 표현 ....

出かける 나가다　計画書 계획서　始める 시작하다
事故 사고　午後 오후　承知 들어줌, 승낙함

☆ 듣|기|연|습| 스크립트

女：あのう、ゴミはどこに捨てるんですか。

男：建物の横です。月・水・金の朝に出してください。前の日には出さないこと。いいですか。

女：はい、わかりました。犬を飼ってもいいですか。

男：動物は駄目です。

女：他にしてはいけないことがありますか。

男：ピアノは9時には止めること。それから夜遅くまで騒がないこと。

女：はい。友達が来てもいいですか。

男：ええ、でもなるべく部屋じゃなくてホールで会ってください。

답

1 (×)　　2 (○)　　3 (○)　　4 (×)

☆ 듣|기|연|습| 스크립트

男：じゃ、出かけてくるよ。

女：夜には台風が来るおそれがあるのよ。出かけるのは止めたら。

男：大丈夫。夕方までには戻れるから。

女：でも、話は終わらないかもしれないでしょう。それに電車が止まるおそれもあるのよ。

男：その場合はタクシーで帰るから。

女：庭の木が倒れたりするおそれもあるわ。私1人じゃ、困るわ。

男：じゃ、なるべく早く帰るから。

답

1 (○)　　2 (×)　　3 (×)　　4 (○)

낱말과 표현 ....

ゴミ 쓰레기　捨てる 버리다　建物 건물　出す 내다, 내놓다　犬 개　飼う 기르다　動物 동물　駄目だ 안 된다　ピアノ 피아노(piano)　止める 그만두다　夜 밤　遅く 늦게　騒ぐ 떠들다　なるべく 되도록　ホール 홀(hall)

낱말과 표현 ....

出かける 나가다　夕方 저녁　戻る 되돌아오다[가다]　電車 전철　止まる 두절되다, 멎다　タクシー 택시(taxi)　庭 정원　倒れる 쓰러지다　なるべく 되도록

10과

男：みなさん、グラフを見てください。1月から
3月にわたり売り上げは増えてきました。そ
の後は増えたり減ったりしながらだんだん
減って来ています。

女：どうしたんですか。3月には300台も売れて
いたのに8月には100台になっていますよ。
特別な理由があるんでしょうか。

男：ええ、7月に南電気が新製品を売り出した
んです。それがとても人気があって…。

女：では、売り上げはもっと減るおそれがある
んですか。

男：ええ、うちも新製品を出したほうがいいと
思います。

답

3

낱말과 표현 ....

グラフ 그래프(graph)　売り上げ 매상, 매출　増える 늘다,
늘어나다　減る 줄다, 줄어들다　だんだん 점점　特別だ
특별하다　理由 이유　新製品 신제품　売り出す 팔기 시작
하다　人気 인기

독해 - 정답

1 働いているが収入が少ない人です。
2 約1600万人です。
3 中流だと考えていました。
4 責任が重くなって忙しくなりました。

확인학습 2 - 정답

Ⅰ. 漢字

1 ④ 解決(9과)
2 ① 報告(7과)
3 ② たいせつ(6과)
4 ④ くろう(10과)
5 ③ じゅんび(8과)

Ⅱ. 文法

1 ③ 対して(8과)
2 ① させられて(6과)
3 ③ いただけません(9과)
4 ④ になって(7과)
5 ② わたる(10과)

Ⅲ. 作文

1 映画を見た後で買い物をしました。(10과)
2 ゴミはゴミ箱に捨てること。(8과)
3 この部屋に入るなと言われました。(6과)
4 遅く起きたばかりに学校に遅刻してしまいま
した。(7과)
5 この家は地震で壊れるおそれがあります。

(9과)

낱말과 표현 총정리

1課

- 会(あ)う 만나다
- 上(あ)がる 오르다
- 朝(あさ) 아침
- 明日(あした) 내일
- 遊(あそ)ぶ 놀다
- いい 좋다
- 言(い)う 말하다
- 家(いえ) 집
- 医学(いがく) 의학
- 行(い)く 가다
- 池(いけ) 연못
- 医者(いしゃ) 의사
- 一番(いちばん) 제일, 가장
- 犬(いぬ) 개
- 入(い)り口(ぐち) 입구
- 入(い)れる 넣다
- いろいろ 여러 가지
- 植(う)える (나무 등을) 심다
- 売(う)る 팔다
- 売(う)れる 팔리다
- 運動(うんどう) 운동
- 映画(えいが) 영화
- おいしい 맛있다
- 多(おお)い 많다
- 大(おお)きい 크다
- 大勢(おおぜい) (사람이) 많이
- お金(かね) 돈
- 起(お)きる 일어나다

- 置(お)く 놓다
- 教(おし)える 가르치다
- お茶(ちゃ)を入(い)れる機械(きかい)
  차를 끓이는 기계
- 同(おな)じ 같은, 같음
- 思(おも)う 생각하다
- 貝(かい) 조개
- 会社(かいしゃ) 회사
- 飼(か)う 기르다
- 帰(かえ)る 돌아가다〔오다〕
- 金持(かねも)ち 부자
- 借(か)りる 빌리다
- 川(かわ) 강
- 外国(がいこく) 외국
- 木(き) 나무
- 聞(き)く 듣다, 묻다
- 北側(きたがわ) 북쪽
- 去年(きょねん) 작년
- きれいだ 예쁘다
- 来(く)る 오다
- 景気(けいき) 경기 *好(こう)~ 호 경기
- 経験(けいけん) 경험
- 傾向(けいこう) 경향
- 経済(けいざい) 경제
- 結婚(けっこん) 결혼
- 公園(こうえん) 공원
- 高級料理店(こうきゅうりょうりてん)
  고급요리점
- 言葉(ことば) 말, 언어
- 子供(こども) 아이
- 合計(ごうけい) 합계

□ 酒(さけ) 술

□ 差別(さべつ) 차별

□ 材料(ざいりょう) 재료

□ 仕方(しかた)がない 달리 방법이 없다

□ 芝(しば) 잔디

□ 紹介(しょうかい) 소개

□ 商品(しょうひん) 상품

□ 自分(じぶん)で 스스로

□ 上手(じょうず)だ 잘하다, 능숙하다

□ 女性(じょせい) 여성

□ すぐ 곧, 금방

□ 住(す)む 살다, 거주하다

□ 成績(せいせき) 성적

□ 先生(せんせい) 선생님

□ 全部(ぜんぶ) 전부

□ 卒業(そつぎょう) 졸업

□ 尊敬(そんけい) 존경

□ 高(たか)い 높다, 비싸다

□ たくさん 많은, 많음

□ たばこを止(や)める 담배를 끊다

□ 食(た)べる 먹다

□ 大学院(だいがくいん) 대학원

□ ダンス 댄스(dance)

□ 男性(だんせい) 남성

□ 暖房(だんぼう) 난방

□ 小(ちい)さい 작다, 어리다

□ 使(つか)う 사용하다

□ 作(つく)る 만들다

□ 造(つく)る 만들다, 조성하다

□ つける 켜다

□ デパート 백화점(department store)

□ 遠(とお)い 멀다

□ ところ 곳, 장소

□ ところで 그런데

□ 土地(とち) 토지, 땅

□ 届(とど)ける 보내다, 전하다

□ 泊(と)まる 숙박하다, 묵다

□ 友達(ともだち) 친구

□ 長(なが)い 길다, 오래다

□ 習(なら)う 배우다

□ なる 되다

□ ～について ～에 관하여

□ 荷物(にもつ) 짐

□ 庭(にわ) 정원

□ 人気(にんき) 인기

□ 登(のぼ)る 오르다

□ 飲(の)む 마시다

□ 入(はい)る 들어가다[오다], 입학하다, 참가하다

□ 初(はじ)め 처음, 시작

□ 働(はたら)く 일하다

□ 花(はな) 꽃

□ 話(はな)す 말하다

□ 早(はや)く 빨리

□ 場所(ばしょ) 장소

□ パン 빵(bread)

□ 引(ひ)っ越(こ)す 이사하다

□ 広場(ひろば) 광장

□ ビジネス 비즈니스(business)

□ ベテラン 베테랑(veteran)

□ 勉強(べんきょう) 공부

□ ホテル 호텔(hotel)

□ 本当(ほんとう) 정말, 진실

□ 毎日(まいにち) 매일

□ 前(まえ) 전, 앞

□ まだ 아직

□ 右側(みぎがわ) 오른쪽

□ 見(み)る 보다

□ もっと 더, 더욱

□ 持(も)つ 잡다, 들다, 가지다

□ 焼(や)く 굽다

□ 安(やす)い 싸다

□ 山(やま) 산

□ 有名(ゆうめい)だ 유명하다

□ 料理人(りょうりにん) 요리사

□ 廊下(ろうか) 복도

□ わかる 알다

2課

□ ありがたい 고맙다

□ 案内(あんない) 안내

□ 椅子(いす) 의자

□ 忙(いそが)しい 바쁘다

□ 痛(いた)い 아프다

□ いっぱい 가득

□ 田舎(いなか) 시골

□ 今(いま) 지금

□ 歌(うた)う 노래하다

□ お客様(きゃくさま) 손님

□ お年寄(としよ)り 어르신

□ 踊(おど)る 춤추다

□ お腹(なか) 배

□ 終(お)わる 끝나다

□ 会社員(かいしゃいん) 회사원

□ 顔(かお) 얼굴

□ 傘(かさ) 우산

□ 片付(かたづ)ける 정리하다, 치우다

□ 簡単(かんたん)だ 간단하다

□ 昨日(きのう) 어제

□ 休日(きゅうじつ) 휴일

□ 教科書(きょうかしょ) 교과서

□ 苦情(くじょう) 불평, 불만

□ 暮(く)らす 살다, 지내다

□ 今朝(けさ) 오늘 아침

□ けんか 싸움

□ 今週中(こんしゅうちゅう) 이번 주중

□ 試験(しけん) 시험

□ 自然(しぜん) 자연

□ 手術(しゅじゅつ) 수술

□ 出勤(しゅっきん) 출근

□ 心配(しんぱい) 근심, 걱정

□ 情熱(じょうねつ) 정열

□ スーパー 슈퍼마켓(supermarket)

□ 製品改良(せいひんかいりょう) 제품개량

□ 掃除(そうじ) 청소

□ 外(そと) 밖

□ たばこを吸(す)う 담배를 피우다

□ 大学(だいがく) 대학

□ 大事(だいじ)だ 중요하다

□ 大丈夫(だいじょうぶ)だ 괜찮다

□ 出(だ)す 내다, 내놓다, 보내다

□ 着(つ)く 도착하다

□ つまらない 재미없다, 시시하다

□ 手伝(てつだ)う 돕다

□ 点(てん) 점, 부분, 점수

□ できる 할 수 있다, 생기다, 완성되다, 다 되다

□ 電車(でんしゃ) 전철

□ 直(なお)す 고치다

□ ぬれる 젖다

□ 熱心(ねっしん) 열심

□ 寝(ね)る 자다

□ 配送(はいそう) 배송

□ 母(はは) 어머니

□ バス 버스(bus)

□ パーティー 파티(party)

□ パソコン 개인용 컴퓨터(personal computer)

□ 飛行機(ひこうき) 비행기

□ 一人(ひとり) 혼자, 한 사람

□ ひどい 심하다

□ 広(ひろ)い 넓다

□ ヒント 힌트(hint)

□ ビール 맥주((beer)

□ 病院(びょういん) 병원

□ 病気(びょうき) 병

□ 不便(ふべん)だ 불편하다

□ 不満(ふまん) 불만

□ 文(ぶん) 글, 문장

□ 分析(ぶんせき) 분석

□ 部屋(へや) 방

□ 待(ま)つ 기다리다

□ 文句(もんく) 불만

□ 野球(やきゅう) 야구

□ 休(やす)む 쉬다

□ 止(や)める 그만두다

□ やる 하다

□ 夕(ゆう)ご飯(はん) 저녁밥

□ 用意(ようい) 준비, 채비

□ 離婚(りこん) 이혼

□ 冷蔵庫(れいぞうこ) 냉장고

□ レポート 리포트(report)

□ 練習(れんしゅう) 연습

□ 忘(わす)れる
잊어버리다, (물건을) 잊고 두고 오다[가다]

3課

□ 新(あたら)しい 새것이다, 새롭다

□ 集(あつ)まる 모이다, 집합하다

□ 後(あと) 후, 뒤

□ 兄(あに) 형, 오빠

□ あまり 그다지

□ 歩(ある)く 걷다

□ イギリス人(じん) 영국인

□ 意見(いけん) 의견

□ 一生懸命(いっしょうけんめい) 열심히

□ 要(い)る 필요하다

□ 歌(うた) 노래

□ 駅(えき) 역

□ お母(かあ)さん 어머니	□ 準備(じゅんび) 준비
□ 踊(おど)り 춤	□ 自由(じゆう) 자유
□ 覚(おぼ)える 기억하다, 외우다	□ 聖書(せいしょ) 성서
□ 泳(およ)ぐ 헤엄치다	□ 生徒(せいと) (중·고교) 학생
□ 音楽(おんがく) 음악	□ 席(せき) 자리
□ 書(か)く 쓰다	□ 説明(せつめい) 설명
□ 紙(かみ) 종이	□ 先月(せんげつ) 지난 달
□ 考(かんが)える 생각하다	□ 父(ちち) 아버지
□ 学校(がっこう) 학교	□ 机(つくえ) 책상
□ 厳(きび)しい 엄하다	□ テープ 테이프(tape)
□ 嫌(きら)いだ 싫어하다	□ 手伝(てつだ)い 거듦, 도와줌
□ 着(き)る 입다	□ とても 매우, 대단히
□ コート 코트(coat)	□ ドイツ人(じん) 독일인
□ 工場(こうじょう) 공장	□ 読書(どくしょ) 독서
□ コンピューター 컴퓨터(computer)	□ なかなか～ない 좀처럼 ～않다
□ ゴミ 쓰레기	□ 名前(なまえ) 이름
□ ～歳(さい) ～세, 나이	□ 慣(な)れる 익숙해지다
□ 最後(さいご) 마지막, 최후	□ 日記(にっき) 일기
□ 咲(さ)く (꽃이) 피다	□ 入学(にゅうがく) 입학
□ 寒(さむ)い 춥다	□ 乗(の)る 타다
□ 試験(しけん)に受(う)かる 시험에 합격하다	□ 運(はこ)ぶ 옮기다, 운반하다
□ しっかり 확실히, 착실히	□ 話(はなし) 이야기
□ 社員(しゃいん) 사원	□ 早(はや)い (시간적으로) 빠르다
□ 社長(しゃちょう) 사장	□ バラ 장미
□ 宿題(しゅくだい) 숙제	□ ～番目(ばんめ) ～번째
□ 書棚(しょだな) 책장	□ 秘書(ひしょ) 비서
□ 書類(しょるい) 서류	□ 拾(ひろ)う 줍다
□ 字(じ) 글자	□ ビデオ 비디오(video)
□ 時間(じかん) 시간	□ フランス人(じん) 프랑스인
□ 自転車(じてんしゃ) 자전거	□ 部長(ぶちょう) 부장

126

- □ プログラム　プログラム(program)
- □ 報告書(ほうこくしょ)　보고서
- □ 本(ほん)　책
- □ 僕(ぼく)　나 (남자)
- □ 見(み)せる　보여 주다
- □ みんな　모두, 전부
- □ 戻(もど)る　되돌아오다[가다]
- □ 物(もの)　것, 물건
- □ 役員(やくいん)　간부, 임원
- □ 野菜(やさい)　채소, 야채
- □ 休(やす)み　휴식, 휴일
- □ やっぱり　역시
- □ 呼(よ)ぶ　부르다
- □ 読(よ)む　읽다

4課

- □ 赤(あか)　빨강
- □ あげる　주다
- □ あさって　모레
- □ 暖(あたた)かい　따뜻하다
- □ 雨(あめ)　비
- □ 一緒(いっしょ)に　함께
- □ 受(う)け取(と)る　받다, 수취하다
- □ 売(う)り上(あ)げ　매상, 매출
- □ 奥(おく)さん　부인
- □ 遅(おく)れる　늦다
- □ 落(お)ちる　떨어지다, 낙방하다
- □ 折(お)る　접다

- □ 会議(かいぎ)　회의
- □ 買(か)う　사다
- □ ガラス　유리(glass)
- □ ガン　암
- □ 黄色(きいろ)　노랑
- □ 切符(きっぷ)　표(차표, 입장권 등)
- □ 今日中(きょうじゅう)　오늘 중
- □ 牛乳(ぎゅうにゅう)　우유
- □ 黒(くろ)い　검다
- □ 計画書(けいかくしょ)　계획서
- □ 携帯(けいたい)　휴대폰
- □ 最近(さいきん)　최근, 요즘
- □ 三角(さんかく)　삼각(형)
- □ 参考書(さんこうしょ)　참고서
- □ しまう　간수하다
- □ 資料(しりょう)　자료
- □ 事故(じこ)　사고
- □ ジャンプ　점프(jump)
- □ 洗濯機(せんたくき)　세탁기
- □ 葬式(そうしき)　장례식
- □ 祖母(そぼ)　할머니
- □ 台風(たいふう)　태풍
- □ 大学生(だいがくせい)　대학생
- □ 遅刻(ちこく)　지각
- □ テレビ　텔레비전(television)
- □ 電話(でんわ)　전화
- □ 届(とど)く　닿다, 도착하다
- □ 飛(と)ぶ　날다
- □ 亡(な)くなる　돌아가시다, 죽다
- □ ネックレス　목걸이(necklace)

□ 寝坊(ねぼう) 늦잠을 잠
□ のし袋(ぶくろ) 축의금 등을 넣는 봉투
□ 始(はじ)める 시작하다, 개시하다
□ 引(ひ)き出(だ)し 서랍
□ 必要(ひつよう)だ 필요하다
□ 秘密(ひみつ) 비밀
□ 開(ひら)く 열다, 벌리다, 모임을 갖다, 개점하다
□ 服(ふく) 옷
□ 弁護士(べんごし) 변호사
□ 便利(べんり)だ 편리하다
□ まずい 맛없다
□ 窓(まど) 창문
□ 水(みず) 물
□ 店(みせ) 가게
□ 緑(みどり) 녹색
□ 紫(むらさき) 보라색
□ 役(やく)に立(た)つ 도움이 되다, 쓸모가 있다
□ 矢印(やじるし) 화살표
□ 寄(よ)る 들르다
□ 旅行会社(りょこうがいしゃ) 여행회사
□ 礼服(れいふく) 예복
□ 連絡(れんらく) 연락
□ 笑(わら)う 웃다
□ 悪(わる)く 나쁘다
□ 割(わ)れる 깨지다, 부서지다

5課

□ 挨拶(あいさつ) 인사

□ アイディア 아이디어(idea)
□ 明(あか)るい 밝다
□ アパート 아파트(apartment)
□ 甘(あま)いもの 단것
□ アルコール 알코올(alcohol), 술
□ 合(あ)わせる 맞추다, 합치다
□ 意味(いみ) 의미
□ うまくいく 잘 되어 가다
□ 大家(おおや)さん 집주인
□ 恐(おそ)れる 겁내다, 두려워하다
□ 会議室(かいぎしつ) 회의실
□ がまんする 참다, 견디다
□ 頑張(がんば)る 열심히 하다, 노력하다
□ 機械(きかい) 기계
□ 切手(きって) 우표
□ 気持(きも)ち 기분, 마음
□ 給料(きゅうりょう) 급료
□ コーヒー 커피(coffee)
□ 困(こま)る 곤란하다
□ 今夜(こんや) 오늘 밤
□ 失敗(しっぱい) 실패
□ 商社(しょうしゃ) 상사
□ 調(しら)べる 찾다, 조사하다
□ 実際(じっさい)に 실제로
□ 座(すわ)る 앉다
□ 成功(せいこう) 성공
□ そば 옆, 곁
□ 大変(たいへん)だ 힘들다, 큰일이다
□ 確(たし)かめる 확인하다
□ 楽(たの)しい 즐겁다

□ 頼(たの)む 부탁하다, 주문하다

□ 近(ちか)い 가깝다

□ つく 붙다

□ 強(つよ)い 강하다

□ 敵(てき) 적

□ できるだけ 최대한, 가능한 한

□ トイレ 화장실(toilet)

□ どんどん 잇따라, 계속해서, (순조롭게) 척척, 착착

□ 並(なら)べる 죽 늘어놓다

□ 日時(にちじ) 일시, 날짜와 시각

□ はる 붙이다

□ 歯(は)を磨(みが)く 이를 닦다

□ 非常口(ひじょうぐち) 비상구

□ 封筒(ふうとう) 봉투

□ 復習(ふくしゅう) 복습

□ 風呂(ふろ) 목욕(통), 욕실

□ プロジェクトチーム 프로젝트팀(project team)

□ 他(ほか) 그 외, 그 밖

□ 味方(みかた) 내 편, 아군

□ 認(みと)める 높이 평가하다, 인정하다

□ 民宿(みんしゅく) 민박

□ 虫歯(むしば) 충치

□ 目覚(めざ)まし時計(どけい) 자명종

□ 優(やさ)しい 상냥하다, 부드럽다

□ やせる 마르다

□ 家賃(やちん) 집세

□ 優秀(ゆうしゅう)だ 우수하다

□ 輸出(ゆしゅつ) 수출

□ 予約(よやく) 예약

□ 旅館(りょかん) 여관

6課

□ 開(あ)ける 열다

□ 上(あ)げる 올리다

□ 足(あし) 다리

□ 姉(あね) 언니, 누나

□ 危(あぶ)ない 위험하다

□ 意外(いがい) 의외

□ 妹(いもうと) 여동생

□ 嫌(いや)だ 싫다

□ 上(うえ) 위

□ 後(うし)ろ 뒤

□ うらやましい 부럽다

□ うれしい 기쁘다

□ 弟(おとうと) 남동생

□ おもちゃ 장난감

□ お湯(ゆ)を沸(わ)かす 물을 끓이다

□ 買(か)い物(もの) 쇼핑

□ かばん 가방

□ 髪(かみ)を切(き)る 머리를 자르다

□ 体(からだ) 몸

□ カンニング 커닝(cunning)

□ 外出(がいしゅつ) 외출

□ 草(くさ) 풀

□ 薬(くすり)を飲(の)む 약을 먹다

□ 靴(くつ) 신발, 구두

□ 工夫(くふう) 궁리

□ 苦(くる)しい 괴롭다, 힘겹다

□ この間(あいだ) 지난번, 요전

□ 最初(さいしょ) 처음, 최초

□ 仕事(しごと) 일

□ 事務(じむ) 사무

□ 水泳(すいえい) 수영

□ 進(すす)む 나아가다, 진행되다

□ 大切(たいせつ)だ 소중하다, 중요하다

□ 立(た)つ 서다

□ 注意(ちゅうい) 주의

□ 次(つぎ) 다음

□ 天気(てんき) 날씨, 좋은 날씨

□ 電気(でんき) 전기, 전등

□ 得意(とくい)だ 숙달되어 있다, 자신이 있다

□ 取(と)る 잡다, (자격 등을) 따다, 뽑다

□ 盗(と)る 훔치다

□ 泥棒(どろぼう) 도둑

□ 仲良(なかよ)くする 사이좋게 지내다

□ 泣(な)く 울다

□ 並(なら)ぶ 줄을 서다, 늘어서다

□ ～なんか ~따위

□ 苦(にが)い (맛이) 쓰다

□ 脱(ぬ)ぐ 벗다

□ バレー 배구(volleyball)

□ 広(ひろ)げる 넓히다, 펼치다

□ 評判(ひょうばん) 평판

□ ふとんを干(ほ)す 이불을 말리다

□ ほめる 칭찬하다

□ 曲(ま)げる 구부리다, 기울이다

□ まっすぐ 곧장, 똑바로

□ 磨(みが)く 닦다

□ 耳(みみ) 귀

□ 問題(もんだい) 문제

□ 横(よこ) 옆, 가로

□ 予習(よしゅう) 예습

□ 両手(りょうて) 양손

7課

□ アクセサリー 액세서리(accessory)

□ 暑(あつ)い 덥다

□ あやまる 사과하다

□ いい訳(わけ) 변명

□ 急(いそ)ぐ 서두르다

□ 大(おお)げんか 큰 싸움

□ 怒(おこ)る 화내다

□ 風(かぜ) 바람

□ かぜをひく 감기에 걸리다

□ 課長(かちょう) 과장

□ 勝(か)つ 이기다

□ 悲(かな)しい 슬프다

□ 気(き)にする 걱정하다, 마음에 두다

□ 計画(けいかく) 계획

□ 消(け)す 끄다

□ 元気(げんき) 기력, 기운

□ 氷(こおり) 얼음

□ コピー 카피(copy), 복사

□ 今回(こんかい) 이번

□ 午後(ごご) 오후

□ 作文(さくぶん) 작문

□ 寂(さび)しい 쓸쓸하다

□ 試合(しあい) 시합

□ 閉(し)める 닫다

□ シャワーを浴(あ)びる 샤워를 하다

□ 出席者(しゅっせきしゃ) 출석자

□ 承知(しょうち) 들어줌, 승낙함

□ 倒(たお)れる 쓰러지다

□ 尋(たず)ねる 방문하다

□ 地図(ちず) 지도

□ つかまえる 붙잡다

□ 疲(つか)れる 피곤하다

□ 出(で)かける 나가다, 떠나다

□ 乗(の)り換(か)える 갈아타다

□ 橋(はし) 다리

□ 恥(は)ずかしい 부끄럽다

□ 裸(はだか) 알몸, 맨몸

□ ファンクラブ 팬클럽(fan club)

□ 吹(ふ)く 불다

□ 降(ふ)る (비, 눈 등이) 내리다

□ ～部(ぶ) ～부

□ 分(ぶん) 분, 몫

□ プール 수영장(pool)

□ 迷子(まいご) 미아

□ 毎年(まいとし/まいねん) 매년

□ 輸入(ゆにゅう) 수입

□ 喜(よろこ)ぶ 기뻐하다

□ ラジオ 라디오(radio)

□ 料理(りょうり) 요리

□ 冷房(れいぼう) 냉방

□ 渡(わた)る 건너다

8課

□ OHP 두상 투영기(overhead projector)

□ 愛情(あいじょう) 애정

□ 当(あ)たり前(まえ) 당연함

□ 居酒屋(いざかや) 선술집

□ 生(う)まれる 태어나다

□ うるさい 시끄럽다

□ お正月(しょうがつ) 정월, 설날

□ 遅(おそ)く 늦게

□ 親(おや) 부모

□ 御社(おんしゃ) 귀사, 상대방 회사

□ 鍵(かぎ) 열쇠

□ 火事(かじ) 화재

□ 家族(かぞく) 가족

□ 彼(かれ) 그 (남자)

□ 気分(きぶん) 기분

□ 急(きゅう)に 갑자기

□ 今日(きょう) 오늘

□ 詳(くわ)しい 자세하다, 상세하다

□ 件(けん) 건, 사항

□ ゲーム 게임(game)

□ 答(こたえ) 답

□ コンサート 콘서트(concert)

□ ご覧(らん) 見る의 높임말

□ 昨日(さくじつ) 어제

□ サッカー 축구(soccer)

□ さっき 아까, 조금 전

□ 早急(さっきゅう) 매우 급함

□ 騒(さわ)ぐ 떠들다

□ さわる 만지다

□ 静(しず)かだ 조용하다

□ 失業(しつぎょう) 실업

□ しめる 잠그다

□ スイッチ 스위치(switch)

□ 少(すく)ない 적다

□ 捨(す)てる 버리다

□ 生産(せいさん)ライン 생산 라인(line)

□ 制服(せいふく) 제복, 교복

□ 選手(せんしゅ) 선수

□ 税金(ぜいきん) 세금

□ 相談(そうだん) 상담

□ 態度(たいど) 태도

□ 建物(たてもの) 건물

□ 楽(たの)しむ 즐기다

□ たばこ 담배

□ たまに 가끔

□ 大好(だいす)きだ 아주 좋아하다

□ 駄目(だめ)だ 안 된다

□ チェック 체크(check)

□ つっかえる 막히다

□ 妻(つま) 아내

□ 当社(とうしゃ) 당사, 우리 회사

□ 時々(ときどき) 가끔

□ 止(と)める 멈추다, 멎게 하다, 세우다

□ 動物(どうぶつ) 동물

□ 努力(どりょく) 노력

□ なるべく 되도록

□ 残(のこ)す 남기다

□ 後(のち)ほど 나중에, 뒤에

□ はっきり 확실히, 분명히

□ 火(ひ) 불

□ 貧乏(びんぼう) 가난(한 사람)

□ ピアノ 피아노(piano)

□ 増(ふ)える 늘다, 늘어나다

□ 冬(ふゆ) 겨울

□ 振(ふ)り出(だ)す (비, 눈이) 내리기 시작하다

□ ホール 홀(hall)

□ 報告(ほうこく) 보고

□ 本日(ほんじつ) 오늘

□ 負(ま)ける 지다, 패하다

□ 間違(まちが)える 잘못하다, 틀리게 하다

□ 三(み)つ子(ご) 세쌍둥이

□ みなさん 여러분

□ 明日(みょうにち) 내일

□ 息子(むすこ) 아들

□ 娘(むすめ) 딸

□ 目上(めうえ) 윗사람

□ 門(もん) 문

□ 夜(よる) 밤

9課

□ アンケート 앙케트((프) enquete)

□ うち 자기가 소속해 있는 곳(가정, 회사 등)

□ 打(う)ち合(あ)わせ (미리) 상의, 협의

□ 営業(えいぎょう) 영업

□ 大雨(おおあめ) 큰비, 폭우

□ 教(おし)え方(かた) 가르치는 방법

□ 夫(おっと) 남편

□ 解決(かいけつ) 해결

□ 彼女(かのじょ) 그녀, 그 (여자)

□ 企画(きかく) 기획

□ 京都(きょうと) 교토

□ 国(くに) 나라

□ 契約(けいやく) 계약

□ 経理(けいり) 경리

□ 校長(こうちょう) 교장

□ 答(こた)える 대답하다

□ 怖(こわ)い 무섭다

□ 壊(こわ)れる 부서지다, 고장나다

□ さかんだ 번성하다

□ 桜(さくら) 벚꽃

□ 残業(ざんぎょう) 잔업

□ 仕事(しごと)を辞(や)める 일을 그만두다

□ したく 준비

□ 品物(しなもの) 물건, 상품

□ 出発(しゅっぱつ) 출발

□ 新人(しんじん) 신인

□ 地震(じしん) 지진

□ 塾(じゅく) 사설 학원

□ 人事(じんじ) 인사

□ 状況(じょうきょう) 상황

□ 生活(せいかつ) 생활

□ 総務(そうむ) 총무

□ タクシー 택시(taxi)

□ 担任(たんにん) 담임

□ 大学時代(だいがくじだい) 대학시절

□ 中止(ちゅうし) 중지

□ 天気予報(てんきよほう) 일기예보

□ 止(と)まる 멎다, 멈추다, 두절되다

□ 独身(どくしん) 독신

□ 夏休(なつやす)み 여름방학

□ 晴(は)れる 날이 개다

□ 場合(ばあい) 경우

□ プレゼント 선물(present)

□ 下手(へた)だ 서투르다

□ 間(ま)に合(あ)う 시간에 늦지 않게 대다

□ 夕方(ゆうがた) 저녁

□ 友人(ゆうじん) 친구

□ 雪(ゆき) 눈

□ 旅行(りょこう) 여행

10課

□ 溢(あふ)れる 흘러 넘치다

□ いらっしゃる 行く, 来る, 居る의 높임말

□ 宇宙(うちゅう) 우주

□ 売(う)り出(だ)す 팔기 시작하다, 대대적으로 팔다

□ おおいに 매우, 대단히

□ 行(おこな)う 행동하다, 실시하다

□ 課(か) 과, 부서

□ 顔(かお)を洗(あら)う 세수하다

□ 貸(か)す 빌려 주다

□ 株主総会(かぶぬしそうかい) 주주총회

□ 歓迎会(かんげいかい) 환영회

□ 漢字(かんじ) 한자

□ 気(き)がつく 알아차리다, 생각나다

□ 記者会見(きしゃかいけん) 기자회견

□ キロ 킬로(kilo)

□ クラス 클래스(class), 학급

□ 苦(くる)しむ 피로워하다

□ 苦労(くろう) 고생, 수고

□ グラフ 그래프(graph)

□ 研究(けんきゅう) 연구

□ 工事(こうじ) 공사

□ 参加(さんか) 참가

□ 資格(しかく) 자격(증)

□ 就職(しゅうしょく) 취직

□ 新製品(しんせいひん) 신제품

□ 新年会(しんねんかい) 신년회

□ ずいぶん 상당히

□ 全(ぜん) 전~, 모든

□ 送別会(そうべつかい) 송별회

□ だんだん 점점

□ チャンス 찬스(chance)

□ 特別(とくべつ)だ 특별하다

□ 走(はし)る 달리다

□ 始(はじ)まる 시작되다

□ 反対(はんたい) 반대

□ 昼寝(ひるね) 낮잠

□ 風呂(ふろ)に入(はい)る 목욕하다

□ 文章(ぶんしょう) 문장

□ 減(へ)る 줄다, 줄어들다

□ ほっとする 안심하다

□ 忘年会(ぼうねんかい) 망년회

□ また 또, 다시

□ 元(もと) 원래

□ やっと 겨우

□ 揺(ゆ)れる 흔들리다

□ 理由(りゆう) 이유

□ 留学(りゅうがく) 유학

□ 別(わか)れる 헤어지다

□ 忘(わす)れ物(もの) 잊은 물건

일본 문화와 생활양식을 주제로 한 독해문 20개 엄선

일본어뱅크 독해 1

| 메구로 마코토 저 | 188×257 | 168쪽 | 11,000원(MP3/해석과 정답 무료 다운로드) |
978-89-7665-315-4 | 978-89-7665-314-7(세트)

일본어 입문을 끝마친 학습자를 대상으로 만든 독해 중심의 일본어 교재. 독해문을 통해 일본인의 생활양식이나 사고 방식을 엿볼 수 있으며, 독해 실력뿐 아니라 문법과 어휘 실력도 높일 수 있도록, 문형 연습과 연습 문제도 마련되어 있다.

세시행사와 예의범절을 주제로 한 독해문 17개 엄선

일본어뱅크 독해 2

| 메구로 마코토 저 | 188×257 | 136쪽 | 11,000원(MP3/해석과 정답 무료 다운로드) |
978-89-7665-316-1 | 978-89-7665-314-7(세트)

〈일본어뱅크 독해1〉의 속편으로, 중급과 고급 수준의 학습자를 대상으로 한 독해 교재이다. 일본어 독해 실력과 함께 1~12월에 열리는 일본의 행사와 세시풍속, 상식으로 알아야 할 예의범절에 관한 정보를 습득하는 것을 목적으로 하고 있다.

처음 시작하는

아나타노 일본어 1

| 박경연, 다이쿠 구미코 공저 | 188×257 | 208쪽 | 13,000원(리스닝 CD 1장/ 쓰기 노트 포함)
978-89-7665-282-9 | 978-89-7665-281-2(세트)

일본어 첫걸음 학습자를 위한 전체 15과 구성의 학습서. 대학생 지나의 즐거운 일본 유학 생활을 함께 경험하며, 생생한 본문 회화를 바탕으로 어휘와 문법도 자연스레 익히고, 풍부한 일러스트로 재미있게 일본어를 공부할 수 있다.

처음 시작하는

아나타노 일본어 2

| 박경연, 다이쿠 구미코 공저 | 188×257 | 240쪽 | 13,000원(리스닝 CD 1장 포함)
978-89-7665-283-6 | 978-89-7665-281-2(세트)

전체 15과 구성, 주요 낱말과 회화를 그림으로 연상하여 익힐 수 있도록 하였고, 혼자서도 공부가 가능하게끔 본문 해설과 문법 설명을 정리하였다. 다양한 응용 문제들을 통해 자연스럽게 말하기, 듣기, 쓰기를 완성할 수 있다.

동양북스 채널에서 더 많은 도서
더 많은 이야기를 만나보세요!

 ▶ 유튜브

 ⬛ 인스타그램

 📖 블로그

 포스트

 f 페이스북

 카카오뷰

외국어 출판 45년의 신뢰
외국어 전문 출판 그룹
동양북스가 만드는 책은 다릅니다.

45년의 쉼 없는 노력과 도전으로 책 만들기에 최선을 다해온
동양북스는 오늘도 미래의 가치에 투자하고 있습니다.
대한민국의 내일을 생각하는 도전 정신과 믿음으로 최선을 다하겠습니다.

동양북스